Ser puerta abierta

Colección El Pozo de Siquén
493

Alberto Ares Mateos
Jennifer Gómez Torres
María del Carmen de la Fuente Pérez

SER PUERTA ABIERTA

La hospitalidad en el corazón de la espiritualidad

Grupo de Comunicación Loyola
Polígono de Raos, Parcela 14-I
39600 Maliaño (Cantabria) – España
Tfno.: +34 944 470 358
info@gcloyola.com
gcloyola.com

Imprimatur:
✠ Arturo Ros Murgadas
Obispo de Santander
28-7-2025

Diseño de cubierta:
Félix Cuadrado Basas (*Sinclair*)

Impreso en España. *Printed in Spain*
ISBN: 978-84-293-3265-0
Depósito legal: BI-939-2025

Fotocomposición:
Rico Adrados, S. L. – Burgos / www.ricoadrados.com

Impresión y encuadernación:
Gráficas Fernan – Bilbao (Vizcaya) / graficasfernan.com

Índice

Introducción

En un mundo cada vez más interconectado pero, paradójicamente, dividido, donde las fronteras se refuerzan y el miedo al otro se propaga como una sombra, emerge una luz ancestral y a la vez revolucionaria: la hospitalidad. Tiene el poder de transformar no solo nuestras vidas, sino el mismo tejido social. Este libro es una invitación a redescubrirla y abrazarla.

Imagina por un momento que eres un viajero en una tierra extraña. El cansancio pesa sobre tus hombros, el polvo del camino cubre tus pies, y la incertidumbre nubla tu mirada. De repente, una puerta se abre. Una mano se extiende en señal de bienvenida. Un rostro sonríe, ofreciendo no solo refugio, sino también la calidez del reconocimiento humano. Este es el milagro de la hospitalidad, un gesto tan simple y a la vez tan profundo que tiene el poder de sanar heridas, derribar barreras y tejer lazos de hermandad entre extraños.

La hospitalidad no es un concepto nuevo. De hecho, es tan antiguo como la humanidad misma. Desde los tiempos de la antigua Grecia, donde la *xenía* se consideraba un deber sagrado, hasta las enseñanzas de las grandes tradiciones espirituales del mundo, la práctica de acoger al forastero ha sido una constante en la historia humana. Sin embargo, en nuestros días, cuando el individualismo y el temor parecen ganar terreno, redescubrir y revitalizar esta virtud se vuelve no solo deseable, sino urgentemente necesario.

Este libro es una invitación a emprender un viaje. Un viaje que nos llevará desde las raíces históricas y espirituales de la hospitalidad hasta su práctica concreta en el mundo contemporáneo. A lo largo de estas páginas, exploraremos cómo la hospitalidad se entreteje con nuestra espiritualidad más profunda, cómo nos desafía a crecer en compasión y apertura y cómo puede convertirse en una fuerza transformadora en nuestras vidas y comunidades.

En un mundo que a menudo parece girar hacia el aislamiento y la desconfianza, practicar la hospitalidad se convierte en un acto de resistencia. Es un desafío a las narrativas dominantes que nos impulsan a ver al otro como una amenaza. Al abrir nuestras puertas y nuestros corazones, estamos haciendo realidad una fuerte convicción: elegimos la unión sobre la separación, la confianza sobre el miedo, la humanidad compartida sobre las diferencias superficiales.

La verdadera hospitalidad va más allá de ofrecer un techo o una comida. Es crear un espacio donde pueda ocurrir el milagro del encuentro auténtico. Es en estos encuentros donde descubrimos que, a pesar de nuestras diferencias, compartimos una humanidad común. Es aquí donde las etiquetas se desvanecen y emerge la posibilidad de una comprensión más profunda y una conexión genuina.

Para aquellos que nos nutrimos de la tradición cristiana, la hospitalidad ocupa un lugar central en nuestra fe. La Biblia está llena de ejemplos que nos llaman a abrir nuestros corazones y hogares.

La hospitalidad no es un concepto teológico abstracto, sino una práctica viva que ha dado forma a la Iglesia a lo largo de los siglos. Desde los primeros cristianos que arriesgaban sus vidas para acoger a los perseguidos hasta las comunidades monásticas que ofrecían refugio a los viajeros, la hospitalidad ha sido una marca distintiva de la fe vivida.

Hoy, en un mundo marcado por la movilidad humana y las crecientes desigualdades, la llamada a la hospitalidad resuena con una urgencia renovada. ¿Cómo podemos, como individuos y como comunidades de fe, responder a esta llamada? ¿Cómo podemos ser «Iglesia en salida» –como nos invita el papa Francisco–, una Iglesia que va al encuentro del otro, especialmente de los más vulnerables?

Uno de los aspectos más paradójicos y a la vez hermosos de la hospitalidad es que a menudo florece en los lugares más inesperados. No es la abundancia o la seguridad lo que nos hace más propensos a abrir nuestras puertas, sino el reconocimiento de nuestra propia fragilidad.

Es natural sentir miedo ante lo desconocido. El temor a ser heridos o explotados o simplemente a sentirnos incómodos puede llevarnos a cerrar nuestras puertas y nuestros corazones. Sin embargo, es precisamente al afrontar estos miedos cuando descubrimos nuestra capacidad de amar y acoger.

Cuando reconocemos nuestra propia fragilidad, cuando admitimos que todos somos, en cierto sentido, extranjeros en busca de un hogar, es cuando estamos más abiertos a la experiencia de la hospitalidad. Es en nuestra vulnerabilidad compartida donde encontramos la fuerza para tender puentes y crear espacios de acogida.

En un planeta cada vez más interconectado, donde las fronteras se desdibujan y las culturas se entrelazan, la hospitalidad adquiere nuevas dimensiones y desafíos. Ya no se trata solo de acoger al viajero ocasional, sino de aprender a convivir en la diversidad cotidiana.

Para los cristianos, la Trinidad ofrece un modelo inspirador de cómo la diversidad y la unidad pueden coexistir en perfecta armonía. Así como en Dios encontramos tres personas distintas en una comunión perfecta de amor, así también estamos llamados a crear comunidades donde la diversidad sea celebrada y la unidad se construya sobre el respeto mutuo.

El relato de Pentecostés nos recuerda que la verdadera comunión no implica la uniformidad, sino la capacidad de comunicarnos y entendernos a pesar de nuestras diferencias. En un mundo marcado por la polarización y los malentendidos, la hospitalidad nos invita a crear espacios donde el diálogo auténtico sea posible.

En sociedades cada vez más plurales y complejas, la hospitalidad se presenta no solo como una virtud personal, sino como una clave esencial para la convivencia pacífica y enriquecedora. Es el antídoto contra la xenofobia, el racismo y todas las formas de exclusión que amenazan el tejido social.

La hospitalidad nos llama a ir más allá de la mera tolerancia. No se trata solo de «soportar» al otro, sino de acogerlo activamente, de crear espacios donde todos puedan florecer en su singularidad. Es una llamada a la curiosidad, a la apertura, a la celebración de la riqueza que aporta la diversidad.

En un mundo donde a menudo se levantan muros, la hospitalidad nos invita a construir puentes. Puentes entre culturas, entre generaciones, entre visiones del mundo aparentemente inconciliables entre sí. Es en estos puentes donde ocurren los encuentros más transformadores, donde se tejen las historias que cambian vidas.

En medio de las tormentas de nuestro tiempo, las comunidades que practican la hospitalidad radical se erigen como faros de esperanza. Son espacios de resistencia contra las fuerzas de la división y el miedo y, al mismo tiempo, laboratorios donde se experimenta una nueva forma de ser humanos juntos.

En un mundo obsesionado con la seguridad y el control, abrir nuestras puertas al extraño se convierte en un acto profético. Es un testimonio vivo de que es posible otra forma de relacionarnos, una forma basada en la confianza y la generosidad en lugar del miedo y la sospecha.

Para los cristianos, la hospitalidad no es una opción, sino una parte esencial de nuestra manera de seguir a Jesús. Él, que no tenía donde recostar la cabeza, nos mostró el camino de la acogida incondicional. En cada rostro del extranjero, del marginado, del diferente, estamos invitados a reconocer el rostro mismo de Cristo.

Hay algo mágico que ocurre cuando dos personas, quizá de mundos completamente diferentes, se encuentran en un espacio de hospitalidad genuina. Es como si, por un momento, se abriera una ventana a un mundo nuevo, lleno de posibilidades inexploradas.

En la hospitalidad, a menudo es el anfitrión quien recibe el mayor regalo. Al abrir nuestras puertas, nos abrimos a la posibilidad de encuentros que pueden cambiar el curso de nuestras vidas.

El papa Francisco nos llama a ser una «Iglesia en salida», una Iglesia que no espera cómodamente a que otros vengan, sino que sale activamente al encuentro del otro.

Esta actitud de apertura y búsqueda activa del encuentro es la esencia misma de la hospitalidad.

La verdadera hospitalidad no termina en el umbral de la puerta. Es un compromiso continuo de acompañamiento, de caminar junto al otro en su viaje, sea cual sea su destino.

Uno de los gestos más profundos de hospitalidad es la escucha atenta. En un mundo lleno de ruido y distracciones, ofrecer el regalo de nuestra atención plena es un acto revolucionario de amor y respeto.

La espiritualidad ignaciana nos ofrece valiosas herramientas para el arte del acompañamiento. Nos enseña a discernir, a respetar el ritmo y el camino único de cada persona, a ser compañeros de viaje sin imponer nuestras propias expectativas o agendas.

Para quienes tienen ojos para ver y corazones para sentir, cada acto de hospitalidad se convierte en un encuentro con lo divino. Es en la apertura al otro donde a menudo experimentamos la presencia de Dios de las formas más sorprendentes e inesperadas.

En un mundo marcado por divisiones y conflictos, la hospitalidad se presenta como un camino hacia la reconciliación. Es en el espacio seguro y acogedor creado por la hospitalidad donde pueden ocurrir los diálogos difíciles pero necesarios, donde pueden sanarse las heridas del pasado y donde pueden tejerse nuevos lazos de comprensión mutua.

Los movimientos migratorios, a menudo vistos como una fuente de tensión y conflicto, pueden convertirse en una oportunidad única para la práctica de la hospitalidad y la reconciliación. Al acoger al extranjero, no solo estamos ayudando a personas que buscan un refugio o un espacio seguro, sino que estamos construyendo puentes entre culturas y contribuyendo a un mundo más interconectado y comprensivo.

La verdad, la justicia y la misericordia son los pilares fundamentales de cualquier proceso de reconciliación auténtico. La hospitalidad crea el espacio donde estos elementos pueden converger, donde las historias pueden ser contadas y escuchadas, donde la justicia puede ser buscada sin venganza y donde la misericordia puede abrir espacios hacia un futuro compartido.

Una invitación final

Querido lector, este libro que tienes entre tus manos es fruto de un tejido de voces que, como hilos multicolores, quieren formar un tapiz que nos acerque al sentido y significado profundo de la hospitalidad. Alberto Ares nos guía a lo largo de los capítulos 1, 3, 6, 8, 9, 10 y 11, donde la hospitalidad se revela como resistencia, como encuentro transformador y como camino de reconciliación. Jennifer Gómez, por su parte, nos sumerge en los capítulos 2, 4, 5 y 7 para conectar nuestra tradición cristiana con los desafíos contemporáneos, invitándonos a descubrir la magia del encuentro y el arte del acompañamiento. María del Carmen de la Fuente, en los capítulos 6 y 8, aporta una perspectiva que nos ayuda a tejer comunidad mediante la acogida y a reconocer lo divino en el rostro del otro. Juntos, estos tres autores apuntan a la posibilidad de emprender un viaje hacia una hospitalidad radical que nos lleve a cambiar nuestras vidas y nuestro mundo.

Al adentrarte en las páginas de este libro, te invitamos a considerar la hospitalidad no solo como un concepto abstracto o para el estudio, sino como una invitación a vivir de una manera nueva. Cada capítulo es una puerta que se abre a explorar las múltiples dimensiones de esta virtud transformadora.

Te animamos a leer estas páginas no solo con tu mente, sino también con tu corazón. Deja que las historias te conmuevan, que las reflexiones te desafíen, que las preguntas te inquieten. Y, sobre todo, permite que la hospitalidad se convierta en una práctica viva en tu vida cotidiana.

Porque, al final, *Ser puerta abierta* no es solo el título de un libro. Es una invitación a una forma de vida, a una manera de estar en el mundo que tiene el poder de transformarnos a nosotros mismos y a nuestro entorno. Es una invitación a ser, cada una y cada uno de nosotros, un espacio de acogida, un refugio de esperanza, un puente hacia un mundo más humano y compasivo.

Que al cerrar este libro encuentres que no solo has leído sobre la hospitalidad, sino que has sido tocado por ella. Y que ese encuentro se convierta en una llama que ilumine tu camino y el de aquellos que encuentres en tu viaje por la vida.

Bienvenido a este viaje. La puerta está abierta. ¿Te atreves a entrar?

1

¿Por qué hablar hoy de hospitalidad?

En la actualidad, hablar de hospitalidad es fundamental en un contexto donde la necesidad de pertenencia y acogida es más relevante que nunca. La hospitalidad, entendida como «buena acogida y recibimiento que se hace a los extranjeros o visitantes», se convierte en un acto de resistencia ante algunas tendencias a fortificar nuestras comunidades y construir muros. En lugar de fomentar el miedo y la desconfianza hacia lo desconocido, promover la hospitalidad abre espacios para la inclusión, la empatía y la solidaridad.

La hospitalidad tiene raíces profundas en la historia de la humanidad, desde la *xenía* en la antigua Grecia hasta las enseñanzas bíblicas sobre la acogida de los vulnerables. Este legado cultural nos recuerda que la hospitalidad es un deber moral y espiritual, que invita a las comunidades a reencontrarse con sus valores más humanos. La hospitalidad se convierte, entonces, en un acto de amor y servicio al prójimo, promoviendo un sentido de comunidad y pertenencia.

En la actualidad, la hospitalidad es una virtud que trasciende culturas y épocas, y se presenta como una respuesta a la crisis de identidad y cohesión social que afrontan muchas comunidades. Al abrir nuestras puertas y corazones a quienes vienen de lejos, no solo brindamos un refugio físico, sino que posibilitamos el milagro del encuentro y construimos comunidad. Este acto de acogida puede transformar vidas, creando lazos de amistad y comprensión entre personas de diferentes orígenes.

Hablar de hospitalidad hoy es esencial para construir un futuro más inclusivo y solidario. Al abrir nuestras mentes, corazones y puertas, no solo honramos una tradición milenaria, sino que también respondemos a las necesidades actuales de nuestra sociedad. La hospitalidad es una llamada a la acción, a ser parte de la solución en un mundo que a menudo se siente dividido y desconectado. En este sentido, la hospitalidad no es solo un acto de recibir, sino una forma de vivir que promueve la paz, los lazos sociales y la unidad en la diversidad.

Hablemos de hospitalidad

Hospitalidad es, según el diccionario de la Real Academia, «buena acogida y recibimiento que se hace a los extranjeros o visitantes», así como la «virtud que se ejercita con peregrinos, menesterosos y desvalidos, recogiéndolos y prestándoles la debida asistencia en sus necesidades». La palabra *hospitalidad* se traduce del latín *hospitalitas* y del griego *filoxenía.*

La hospitalidad es casi tan antigua como la humanidad. Una de las primeras palabras en torno a la hospitalidad que aparece en papiros de la Grecia clásica es *xenía.* Significaba un contrato de hospitalidad que cerraban los reyes. Los contratantes escribían sus nombres en unas tablillas, luego las rompían por la mitad y cada uno guardaba una parte. El portador de esta media tablilla podía reclamar la hospitalidad en cualquier momento.

Pronto esta práctica llegó a las ciudades. *Xenía*, en el ámbito privado, designaba los regalos ofrecidos por los invitados al final de una comida ritual, con la cual renovaban la amistad y la hospitalidad.

La hospitalidad para con el extranjero alcanzó un importante valor jurídico diplomático y al mismo tiempo un significado religioso. Zeus protegía al extranjero que no poseía derechos legales y también al fugitivo que imploraba clemencia y auxilio. «El vínculo de amistad con un extraño se sellaba con un banquete ritual, donde el vino tenía un importante papel, entre otras cosas por los efectos que produce en quien lo toma». La hospitalidad es descrita por la literatura griega y más tarde por la latina. Obras como la *Ilíada* y la *Odisea*, de Homero; las *Argonáuticas*, de Apolonio de Rodas, o las obras de Virgilio, Ovidio y Lucano, dan muestra de ello.

La Biblia, como veremos más adelante, recoge esta tradición que recorre la historia de la Iglesia hasta nuestros días. Es una práctica, la de la hospitalidad, que estuvo muy presente entre los primeros cristianos en tiempos de persecución, pero que poco a poco se fue profesionalizando y dio lugar, por ejemplo, a los hospitales, a los hospicios y orfanatos, entre otras instituciones. Algunos autores piensan que fue en esta época cuando la Iglesia perdió un elemento importante en la conexión con las personas que se encontraban en los caminos, pues se pasó de una relación de horizontalidad a otra de dador de servicios, donde se producía una asimetría entre el «huésped» y el profesional que acogía y recibía un salario por sus servicios.

Comunidades como las del Arca, L'Abri Fellowship, Annunciation House, Open Door Community, Jubilee Partners, Houses of Hospitality de Catholic Worker, o últimamente las Comunidades de Hospitalidad [en adelante CoHo] son solo unos pocos ejemplos de una vuelta a la hospitalidad radical y de por qué es necesario hacernos hoy la pregunta por la hospitalidad.

> «De ninguna manera se debe aprobar a los que expulsan a los inmigrantes de la ciudad en tiempos de hambre, cuando los deberían ayudar más. Los separan de la relación con el Padre común, les niegan los frutos dados para todos, los separan de la comunidad de vida ya iniciada: no quieren repartir con los que tienen derechos comunes los recursos en tiempos de necesidad» (San Ambrosio de Milán)[1].

En muchas de nuestras sociedades occidentales se ha ido alimentando una serie de prejuicios y de tendencias xenófobas, que en algunos casos se ha normalizado en el discurso público sobre la migración. Las sociedades buscan explicar el malestar social y culpar de él buscando chivos expiatorios, y los inmigrantes están pagando injustamente esta situación, pues en términos netos aportan mucho más de lo que reciben, además de vivir situaciones de mayor vulnerabilidad y desventaja. El aumento de los nacionalismos y el cierre de las fronteras están alimentando esa fobia a los migrantes, aunque hemos de decir que hay también un movimiento social sensible a las necesidades y a la realidad de estas personas migrantes y refugiadas.

---

[1] *De officiis ministrorum*, libro III, cap. 7, nro. 45. Siglo IV.

Las causas son diversas y es necesario reflexionar seriamente qué implica y a qué tipo de sociedad nos empujan estas ideologías. Los estudios más rigurosos de las grandes universidades mundiales, los organismos internacionales, las estadísticas en el ámbito local, todas nos dicen que la migración es positiva para nuestras sociedades y desmontan muchos de los estereotipos y falacias que enuncian a fuerza de meme o de *tweet* los que intentan instrumentalizar las migraciones para sus intereses políticos.

Tenemos que asumir el coraje no solo de decir la verdad, sino también de defender los derechos de las personas más vulnerables de nuestra sociedad: «En algunos lugares defender la dignidad de las personas puede significar ir a prisión, incluso sin juicio. O puede significar la calumnia» (Papa Francisco).

El malestar social no tiene su verdadera raíz en la inmigración, sino en la brecha social que vivimos, principalmente a partir de las últimas crisis mundiales, especialmente desde 2008, en la cual se ha ido gestando un grupo social en la base de nuestra pirámide cada vez más numeroso y más precario, formado por personas nativas y también por personas de origen migrante.

Utilizar e instrumentalizar la inmigración como chivo expiatorio significa estigmatizar aún más a un colectivo que vive situaciones más complejas que la media de la población en su integración social. Atajar el malestar significa promover políticas comunitarias universalistas que palíen las verdaderas causas que lo provocan.

Como cristianos, estamos llamados a mirar esa realidad de acuerdo con el Evangelio, con la mirada de Jesús y últimamente con las enseñanzas que la Iglesia nos presenta en su doctrina social y el impulso de los últimos papas a acoger, proteger, promover e integrar a las personas migrantes y refugiadas, haciendo de nuestra Iglesia una verdadera tienda de campaña, con las puertas y los corazones abiertos.

> «La Iglesia es madre de corazón abierto que sabe acoger, recibir, especialmente a quien tiene necesidad de mayor cuidado, que está en mayor dificultad. La Iglesia es la casa de la hospitalidad. Cuánto bien podemos hacer si nos animamos a aprender el lenguaje de la hospitalidad, del acoger. Cuántas heridas, cuánta desesperanza se puede curar en un hogar donde uno se pueda sentir recibido. Hospitalidad con el hambriento, con el sediento, con el forastero, con el desnudo, con el enfermo, con el preso (cf. Mt.25,34-37), con el leproso, con el paralítico. Hospitalidad con el que no piensa como nosotros, con el que no tiene fe o la ha perdido. Hospitalidad con el perseguido, con el desempleado. Hospitalidad con las culturas diferentes, de las cuales esta tierra es tan rica» (Papa Francisco)[2].

Cultivar la confianza

La confianza es, de alguna manera, una condición de posibilidad para la hospitalidad. Esto se ve claramente en nuestras dinámicas comunitarias cuando convivimos. Procesos en los que se entrelazan la construcción de identidades personales y colectivas, combinando tendencias más estables con otras más cambiantes.

---

[2] Homilía en la misa en Campo Grande de Ñu Guazú (Paraguay), 12 de julio de 2015.

Hace tiempo escuché una pequeña historia a un hombre marroquí en España. Me dio luz para comprender un poco mejor cómo construye una persona su identidad. Decía algo así:

> «Mi vida es como una casa que comienzo a construir al estilo marroquí. A medida que va pasando el tiempo y necesito más habitaciones, edifico más espacios al estilo español. Ambos habitáculos forman parte de la misma casa y se comunican con escaleras, comparten a veces mobiliario, utilidad, etc. Si quieres conocerme de verdad, yo te mostraré toda la casa. Primero te enseñaré la planta baja, que son mis raíces, pero si no te mostrara las nuevas habitaciones y te quedaras en el primer piso, no me conocerías de verdad. Yo camino y recorro mi casa constantemente. Unas veces me siento más cómodo en un lugar, otras veces en otro. Mi casa es un todo y no se entiende sin recorrer todos sus rincones, los más antiguos y los más modernos, los que suelo mostrar a todos y los que se conocen en la intimidad. En mi casa se pueden ver espacios que cumplen una función muy precisa, bien ordenados y convenientemente amueblados, junto a otros inacabados y que funcionan como sala multiusos. Algunos necesitan más luz y otros necesitan ser reformulados. Unos rincones donde afirmo mis raíces y otros donde conviven diferentes tradiciones. Todos en la misma casa, relacionándose, conviviendo. Mi casa inacabada es como mi identidad, mi persona. ¿Quién sabe si en un futuro no construiré un nuevo habitáculo aquí o allá? ¿O un nuevo piso?».

La hospitalidad es un valor profundamente arraigado en diversas culturas y tradiciones, y su práctica se ha considerado un signo de generosidad y apertura hacia el otro. Sin embargo, para que esta hospitalidad se exprese de manera auténtica, es fundamental que esté sustentada en la confianza. La confianza no solo actúa como un puente que conecta a las personas, sino que también permite que se produzca un verdadero encuentro, donde la apertura a lo nuevo y lo desconocido se convierte en una experiencia transformadora.

La confianza es una condición esencial para cualquier relación humana. Sin ella, es difícil establecer vínculos significativos. En el contexto de la hospitalidad, la confianza se manifiesta en la disposición a abrir nuestras puertas, tanto físicas como emocionales, a aquellos que son diferentes de nosotros. Esta apertura implica un riesgo, ya que nos enfrentamos a lo desconocido y a la posibilidad de ser heridos o decepcionados. Sin embargo, es precisamente este riesgo el que puede dar lugar a experiencias enriquecedoras.

Cuando confiamos en el otro, permitimos que surja el milagro de la hospitalidad. Este milagro no se refiere únicamente a ofrecer un lugar donde quedarse o un plato de comida, sino a crear un espacio donde puede tener lugar el verdadero encuentro. En este sentido, la hospitalidad va más allá de lo material; se trata de un acto profundamente espiritual que nos conecta con nuestra humanidad compartida.

A menudo, el miedo y el prejuicio actúan como barreras que impiden la práctica de la hospitalidad. Cuando nos dejamos llevar por estos sentimientos, tendemos a ver al otro como una amenaza en lugar de una oportunidad para el crecimiento personal y comunitario. El miedo puede surgir de experiencias pasadas o de estereotipos culturales que nos llevan a prejuzgar a quienes sentimos como diferentes.

Para superar estos obstáculos, es crucial cultivar una mentalidad basada en la confianza. Esto implica reconocer que cada nuevo encuentro es una oportunidad para aprender y crecer. La apertura a lo diverso nos permite no solo compartir nuestras historias y tradiciones, sino también recibir las del otro. En este intercambio, se genera un espacio donde podemos cuestionar nuestras propias creencias y expandir nuestra comprensión del mundo.

La hospitalidad también puede entenderse como un acto de fe. Al abrir nuestras vidas a los demás, estamos confiando en que este encuentro tendrá un impacto positivo en nosotros y en quienes nos rodean. Esta fe no implica necesariamente una creencia religiosa, que también; puede ser simplemente la convicción de que las conexiones humanas son valiosas y transformadoras.

Cuando practicamos la hospitalidad desde esta perspectiva, comenzamos a ver al extranjero o al peregrino no solo como alguien que necesita ayuda, sino como un compañero en el viaje de la vida. Esta visión nos permite reconocer la dignidad inherente a cada persona y valorar sus experiencias únicas. Así, la hospitalidad se convierte en un medio para experimentar el paso de lo divino en nuestras vidas.

El verdadero encuentro con el otro tiene el potencial de transformar nuestras vidas. Cuando nos abrimos a nuevas relaciones, nos exponemos a diferentes perspectivas y formas de vida que pueden desafiar nuestras creencias preexistentes. Este proceso no siempre es cómodo; puede generar tensiones y conflictos internos. Sin embargo, es precisamente en estos momentos difíciles donde ocurre el verdadero crecimiento.

La confianza desempeña un papel crucial en este proceso. Al confiar en que cada encuentro tiene algo valioso que ofrecer, estamos más dispuestos a escuchar y aprender del otro. Este intercambio no solo enriquece nuestra vida personal, sino que también contribuye al fortalecimiento del tejido social. Una comunidad basada en la confianza y la hospitalidad es más resiliente ante los desafíos y más capaz de afrontar las divisiones que pueden surgir entre sus miembros.

La práctica de la hospitalidad cobra especial relevancia en un mundo cada vez más globalizado e interconectado. Las migraciones y los desplazamientos forzosos han llevado a una creciente diversidad cultural en muchas sociedades. En este contexto, la hospitalidad con las personas migrantes y refugiadas se vuelve esencial para construir puentes entre diferentes comunidades.

Al practicar la hospitalidad con aquellos que son diferentes de nosotros, estamos desafiando los prejuicios y estereotipos que pueden surgir ante lo desconocido. La confianza se convierte en una herramienta poderosa para derribar muros y construir relaciones basadas en el respeto mutuo. Cada vez que elegimos abrir nuestra casa o nuestro corazón a alguien diferente, estamos participando activamente en la creación de un mundo más inclusivo.

Un aspecto fundamental de la hospitalidad es su naturaleza recíproca. Cuando acogemos a alguien en nuestro hogar o comunidad, no solo le ofrecemos apoyo; también recibimos algo invaluable a cambio: su historia, su cultura y su perspectiva única sobre la vida. Este intercambio crea un ciclo continuo de aprendizaje y crecimiento mutuo.

La confianza permite que esta reciprocidad florezca. Al confiar en el otro, estamos dispuestos a abrirnos y compartir nuestras propias experiencias e historias. Este acto no solo fortalece nuestros vínculos personales, sino que también contribuye al enriquecimiento cultural colectivo.

Podemos decir que la confianza es una condición esencial para la práctica auténtica de la hospitalidad. Nos permite abrir nuestras casas y corazones al otro haciendo saltar nuestros cerrojos y prejuicios, facilitando encuentros significativos que pueden transformar nuestras vidas. Al cultivar una mentalidad basada en la confianza, somos capaces de ver al que llama a nuestras puertas no como una amenaza sino como una oportunidad para crecer y aprender.

La verdadera hospitalidad trasciende lo material; es un acto espiritual que refleja nuestra humanidad compartida. En este sentido, cada encuentro se convierte en un milagro donde podemos experimentar el paso de lo divino en nuestras vidas. Al practicar esta forma de hospitalidad con lo diverso, contribuimos a construir comunidades más fuertes e inclusivas donde todos podemos crecer juntos y mirar el futuro con esperanza.

> «Todos, todos los muros caen, hoy, mañana, o dentro de cien años, pero todos caen. No es una solución. El muro no es una solución. Construyamos puentes y no muros. Puentes que nos permitan derribar los muros de la exclusión y la explotación. Pasemos de la cultura del rechazo a la cultura del encuentro» (Papa Francisco)[3].

---

[3] Audiencia general, plaza de San Pedro, 27 de noviembre de 2019.

Quién soy

La identidad es una de las grandes cuestiones sociales, en un tiempo donde la diversidad y los movimientos migratorios presentan nuevos escenarios en nuestras culturas. Hablar de hospitalidad en la actualidad lleva aparejado el cuestionamiento de la identidad. De hecho, la pregunta por la propia identidad es un elemento que nos acompaña toda la vida a los seres humanos. Es en el diálogo con nuestros vecinos y vecinas como nos vamos construyendo como personas. ¿Qué significa hoy ser salvadoreño, gallego, español, maragato, europeo, estadounidense?

El otro día, hablando sobre la identidad, me preguntaron de dónde era, o mejor dicho, quién era. Nací en Veguellina de Órbigo, un pueblo de la provincia de León, en el norte de España. Mis raíces son de allí y de otro pequeño pueblo cercano, también de la comarca de la Ribera del Órbigo y de su afluente, el Tuerto, llamado Santa Colomba de la Vega. Cuando era pequeño, mi familia emigró a Valladolid, y pasé buena parte de mi vida en el barrio de las Delicias de esta ciudad. ¡Qué gran barrio!

Desde mi entrada en la Compañía de Jesús, he vivido en Salamanca, Vigo, Valladolid, Madrid, Boston, Guadalajara (México), en los barrios del Pilar y La Ventilla en Madrid, y ahora en Bruselas. En diversas etapas he tenido encuentros, recorrido experiencias y acompañado a personas en diversas partes del mundo: Albania, India, Perú, Marruecos, México, Portugal, Kenia, Tailandia, El Salvador y Ecuador, entre otras.

Mi padre repetía un refrán castellano que dice que el ser humano «no es de donde nace, sino de donde pace». Lo decía alguien que, aunque emigrante en Valladolid, en cuanto teníamos unos días de vacaciones, nos llevaba a mi pueblo. Recuerdo que mi infancia transcurrió entre mi pueblo, Veguellina, y mi barrio en Valladolid, Las Delicias. Ambos con un buen nexo: su patrona, la Virgen del Carmen. Prácticamente hasta los dieciocho años esa fue mi vida y donde se fraguó buena parte de lo que soy. A los dieciocho años empecé a conocer el resto de Valladolid, con mi entrada en la universidad.

A lo largo de estos años, mi corazón se ha ido llenando de nombres, de lugares. Dicen que «donde está tu tesoro, allí está tu corazón». Y así lo vivo. Conocí a los jesuitas en un campamento en la Eméndula (San Millán de la Cogolla, La Rioja). De allí se quedaron conmigo un buen número de amigos y de paseos por aquel angosto y precioso valle. Después de mi entrada en la Compañía, nuevos rostros y lugares, desde el colegio Cristo Rey al Centro Loyola, desde el barrio de Pilarica a Villagarcía de Campos en Valladolid, en La Casona y el barrio de Buenos Aires en Salamanca. Y qué decir de mi querida Galicia, y en concreto de Vigo. Una tierra donde tengo no solo parte de la familia, sino también del corazón. Los barrios de El Pilar y La Ventilla en Madrid, los paseos en Cambridge, la parroquia de Saint Benedict en Somerville con la comunidad salvadoreña donde aprendí a ser sacerdote, y los paseos por el Mount Auburn Cemetery, en Watertown.

Y siguieron las playas de Velipoja, en Albania, junto a niños y niñas con capacidades diversas; Pannur y Manvi, en Karnataka (India), con tantos rostros y compañeros y compañeras de camino en estos años; los paseos por Puente Grande, San Cristóbal de las Casas o Tierra Blanca, en México; el Jardín de las Rosas en la UCA y el Hospitalito, en San Salvador; el monte María Cristina, en Melilla, o distintos rincones de Nador y Casablanca, en Marruecos; de Quito a Guayaquil, en Ecuador; o los recorridos por la Panamericana en Perú, «haciendo la rifa» de Fe y Alegría; el santuario del P. Alberto Hurtado en Santiago de Chile; o el reencuentro emocionado con parte de mi familia en Balcarce (Argentina); amigos y amigas que me han acompañado en estos últimos años recorriendo diversas ciudades de España, de Arrupe Etxea, en Bilbao, al barrio de Bellvitge en L'Hospitalet; de la comunidad de San Ignacio en Valencia al Centro Arrupe en Sevilla, de Tudela a Gran Canaria, de Lleida a Coruña, del Natahoyo, en Gijón, a La Merced, en Burgos, y así un largo etcétera.

Y qué decir de la familia extensa en Bruselas, de la comunidad de Saint Antoine, en Etterbeck, o de la cantidad de rostros y encuentros por los distintos rincones de Europa junto a los compañeros y compañeras del Servicio Jesuita al Refugiado. Desde Lviv, en la dolida Ucrania, a Vendas Novas, en Portugal, caminando por la soleada Valeta, en Malta, o recorriendo la lluviosa Galway, en Irlanda; de misión en el corazón de los Balcanes, con verdaderos encuentros con personas migrantes en Zagreb, Bihac, Sarajevo, Belgrado o Pristina en las mismas fronteras de Europa; sin olvidarme de Palermo, en Sicilia, Atenas, en Grecia, y la multicultural Berlín, en Alemania; la calurosa acogida en Bucarest o Londres, o el paseo en bicicleta por el Danubio con personas refugiadas en Budapest.

Parte de mi corazón hoy está lleno de nombres que recorren muchos de estos lugares. Cuando los transito o los recuerdo, algo de buena noticia se me hace presente.

Cuando me comunico o converso con algunas de estas personas recreo mi propia identidad.

Mi padre era un hombre de refranes, que había heredado de mi abuelo. Cuando se sentía orgulloso por ver cómo seguíamos los valores y costumbres de la familia, repetía «El que no salga a la raza, que lo maten». Cuando me preguntan ahora de dónde soy, para nada reniego de mi pueblo o de mi barrio. De hecho, cada vez que los recuerdo o camino por sus calles siento cómo el Señor me visita. Estoy muy orgulloso de mi familia y de mis raíces. Aunque quisiera, por el parecido con mi padre no podría decir que no soy hijo de quien soy.

Y entonces, ¿qué? ¿De dónde eres? Soy veguellinense, del pueblo donde nací; también soy pucelano (vallisoletano), donde me crié y adonde volví con tanto cariño tras los años; «galego, da miña terra galega»; gato (madrileño); ciudadano de Cambridge y Somerville; guanaco de corazón; ¿quieren que siga?

Tengo varias identidades y no las vivo como excluyentes, sino como una diversidad que ha enriquecido mi vida. Mi corazón nunca me ha preguntado si, porque nací en Veguellina o en León, ya no soy de Valladolid o Madrid o Vigo. Mi estómago tampoco se ha quejado *da* empanada de zamburiñas, las pupusas, la butifarra, el cuscús, las sopas con truchas, los tamalitos, la *harira*, el *pa amb tomaca*, las sopas de ajo, el hornazo, los alfajores, el cocido maragato, el *pescaíto* frito, las quesadillas, el *clam chowder*, el ceviche de camarón, el *goulash*, la mermelada de higos albanesa, el *pad thai*, *o bacalhau a brasa*, la papa a la huancaína o el pollo *tikka masala*.

La hospitalidad que he recibido, el que otros hayan confiado y creído en mí, ha recreado mi vida, mi identidad. No podría entender mi vida sin tantos actos de hospitalidad que me han acompañado desde que era un bebé. Personas que han abierto sus hogares, corazones y fronteras. Cómo no estar agradecido.

Presiento que mi vida seguirá llenándose de nuevos nombres, acentos, sabores, aromas y nuevos lugares que irán dejando huella en mi corazón, y recrearán quién es Alberto. En última instancia, mi identidad se irá tejiendo en el diálogo con tantos sitios y personas, pero también siento que ninguna de ellas es definitiva, ni excluyente.

Mi identidad propiamente me la da el seguimiento de Jesús, que nos convierte a todos y todas en hermanos y hermanas, con una casa común. Esa es mi verdadera identidad y todo lo demás.

Cuestiones para la reflexión

En un mundo marcado por las migraciones y la diversidad cultural, la hospitalidad se ha convertido en un tema crucial que nos invita a reflexionar sobre nuestra identidad, nuestras relaciones con los demás y nuestro papel en la construcción de una sociedad más inclusiva. La siguiente serie de preguntas busca guiar una reflexión profunda sobre estos temas, integrando perspectivas personales, sociales y espirituales.

1. ¿Qué significa realmente la hospitalidad en nuestras comunidades actuales y cómo podemos redefinirla en un contexto donde la polarización y la xenofobia están en aumento?
2. ¿De qué manera nuestra identidad personal se entrelaza con la práctica de la hospitalidad, y cómo

han enriquecido nuestra comprensión de nosotros mismos y de los demás las experiencias de dar y recibir acogida?

3. ¿Cómo podemos, con nuestra fe y tradiciones, ser agentes de cambio en nuestras comunidades, promoviendo una cultura de hospitalidad que refleje las enseñanzas de Jesús y las Escrituras?
4. ¿Qué prejuicios o temores necesitamos desafiar en nosotros mismos y en nuestra sociedad para cultivar una mentalidad de confianza y apertura a personas de diferentes culturas o antecedentes?
5. ¿Cómo puede la práctica de la hospitalidad enriquecer nuestra vida espiritual y nuestra relación con Dios, permitiéndonos ver cada encuentro con el «otro» como una oportunidad para encontrarnos con Jesús mismo?

Estas preguntas nos invitan no solo a una reflexión personal, sino también a un diálogo más amplio sobre cómo nuestras identidades se construyen en relación con los demás. La hospitalidad, en este contexto, se revela como un acto transformador que no solo acoge e integra, sino que también nos cambia profundamente a nosotros mismos.

2

¿Qué nos dice nuestra tradición cristiana sobre la hospitalidad?

La práctica de la hospitalidad, es decir, el ejercicio de acoger en la casa propia a un extraño (extranjero), se consideró una virtud en el mundo antiguo. Esta práctica no demandaba explicación alguna, se vivía desde la más genuina espontaneidad y fue considerada un signo de civilidad. Rechazar a quien necesitaba cobijo exigía justificación. Esto es así porque la práctica de acoger al extranjero que se presentaba como un extraño estaba muy extendida y era asumida y aceptada socialmente.

Las tradiciones orientales y occidentales antiguas abundan en esta práctica, y ha llegado hasta nosotros en forma de relatos, escritos, poemas, cánticos, entre otros vehículos.

Así mismo, los textos sagrados ofrecen diferentes escenas en las que la práctica de la hospitalidad es vivida con las más absolutas naturalidad y familiaridad. Pronto se descubre cómo la hospitalidad hace las veces de hilo conductor en los relatos bíblicos, convirtiéndose así en herencia para la Iglesia, pasando por las primeras comunidades cristianas, extendiéndose hasta los Santos Padres y llegando en forma de legado hasta nuestras actuales comunidades eclesiales.

La Biblia, puede decirse, es un libro de migraciones. Cada una de sus páginas está impregnada de movimientos migratorios que fueron posibilitando la existencia de Israel, y evidenciando que Yahvé acompañaba el peregrinar del pueblo. Todos aquellos viajes y movimientos migratorios estuvieron marcados por la práctica de la hospitalidad.

Una de las historias más representativas la encontramos en Abrahán, conocido también como *«el arameo errante»* (Dt 26,5-10), de quien los occidentales de tradición judeocristiana (y musulmana) nos consideramos hijos e hijas. Por otro lado, el Nuevo Testamento nos presenta, a través de Jesús y de las primeras comunidades cristianas, más muestras de hospitalidad, centrando la atención en lo dicho por el mismo Hijo de Dios: «Fui extranjero y me acogisteis» (Mt 25,31-46).

Ya sabéis lo que es ser extranjero

> «No oprimirás al extranjero;
> ya sabéis lo que es ser extranjero,
> porque extranjeros fuisteis vosotros en el país de Egipto»
>
> (Ex 23,9).

El sentimiento de extranjeridad abarca diferentes dimensiones de la vida humana; no se refiere exclusivamente a quien «deja su país», aunque generalmente lo relacionamos con esa experiencia. Ese «sentirse extranjero» hace referencia a la «diferencia», y ese sentido todos en algún momento de la vida lo hemos experimentado. Siguiendo esta idea, varios autores que han profundizado en el asunto que venimos comentando afirman que «el extranjero empieza cuando surge la conciencia de mi diferencia y termina cuando todos nos reconocemos extranjeros». En todo caso, hablemos aquí de la extranjeridad como ser «de otro lugar» (social, religioso, cultural, político, etc.).

El sentimiento de saberse extranjero lo conoce bien quien ha sido extranjero, quien ha experimentado en la propia piel qué significa ser «extraño» en otro lugar. Esa extranjeridad te hace, en ciertas ocasiones, sentirte como en tierra de nadie porque ya no eres de allí (del lugar de origen), pero tampoco de aquí (del nuevo lugar); es una experiencia que puede generar un sentimiento de profunda soledad. Con esa soledad lidia el extranjero, y será esa misma soledad la que le permita vincularse con quien está viviendo lo mismo que él. La extranjeridad compartida será también la soledad y la vulnerabilidad compartida. Esa extranjeridad se queda: ¿qué haremos con ella?, ¿con quién hablaremos de ella? Y ¿con quién la compartiremos?

El pueblo de Israel guardaba en su memoria personal y colectiva la consciencia de haber sido extranjero en el país de Egipto. La experiencia de la migración acompañó siempre al pueblo elegido: no pudieron olvidar ni borrar lo que vivieron ni los sentimientos que surgieron de aquella experiencia. Esa extranjeridad, o lo que es lo mismo, «sentirse extranjeros», hará que Israel plasme para siempre en su corpus jurídico una serie de indicaciones que debe cumplir y que quedarán para la posteridad: «Al forastero que reside entre vosotros lo miraréis como a uno de vuestro pueblo y lo amarás como a ti mismo, pues también vosotros fuisteis forasteros en la tierra de Egipto. Yo, Yahvé, vuestro Dios» (Lv 19,34); «no maltratarás al extranjero ni lo oprimirás, pues extranjeros fuisteis vosotros en el país de Egipto» (Ex 22,20). Y será esa misma consciencia la que propicie que Israel abra el corazón para acoger a quien ha vivido lo mismo que él, al tiempo que le permitirá no olvidar que Yahvé se hizo compañero de camino, que es un Dios de la liberación y no de la opresión, un Dios que se pone al lado de los más pequeños, de los excluidos y oprimidos, de los extranjeros. La migración tiene entonces, para el pueblo elegido, una implicación ética: mirar al extranjero con bondad.

Todo parece indicar que los orígenes de Israel encuentran su raíz en un movimiento migratorio; así lo cuenta más de un relato bíblico. «Téraj tomó a su hijo Abrán, a su nieto Lot, el hijo de Harán, y a su nuera Saray, la mujer de su hijo Abrán, y salieron juntos de Ur de los caldeos, para dirigirse a Canaán. Llegados a Jarán, se establecieron allí» (Gn 11,31). Esa herencia migrante acompañará toda la vida de Israel y decidirá cómo actuarán con el extranjero dada su misma experiencia de extranjeridad, «... pues extranjeros fuisteis vosotros en el país de Egipto». Es interesante recordar que el primer libro de la Biblia ofrece alguna de las razones que empujaban a que las personas (pueblos enteros) emprendieran largos viajes migratorios; se trata, entre otras, de la escasez ocasionada por las fuertes sequías que asolaban sus tierras: «A causa de una hambruna en el país, Abrán bajó a Egipto a pasar allí una temporada, pues el hambre era insoportable en el país» (Gn 26,1ss). Estas experiencias son fácilmente equiparables a las de miles de personas que se mueven por el mundo en busca de mejores condiciones de vida. Es el caso de aquellas personas migrantes que, abandonando sus lugares de origen, emprenden largos trayectos con la esperanza de encontrar una vida mejor para sus hijos y/o familias; o el caso de las personas refugiadas que se ven obligadas a huir a causa de persecuciones por razones religiosas, políticas o de orientación sexual, o por las crueles y dolorosas consecuencias de las guerras, el clima, el hambre, la pobreza, entre otras causas.

La extranjeridad bíblica, ese «sentirse extranjero», es un asunto ampliamente estudiado, en el que no podemos profundizar en este capítulo. En todo caso, es interesante apuntar que la aceptación e integración del «extraño» en Israel fue un proceso lento que implicó en algunas ocasiones la exigencia de que el extranjero compartiera la fe y los ritos del pueblo que lo acogía, que era anfitrión. Esta condición es muy lógica si recordamos que la construcción del Antiguo Testamento se fue dando a partir de diferentes tradiciones, épocas, circunstancias históricas, políticas y sociales que fueron tejiendo diversidad de sensibilidades sobre el concepto extranjero/extraño. De ahí que cuando nos acercamos a los relatos, nos encontremos con el amplio vocabulario que utiliza la Biblia para referirse al extranjero; por ejemplo: *ger* (*gerim*), *nokri* (*nokrim*), *zar* (*zarim*), entre otros términos. Repasemos rápidamente algunos elementos que ayuden a la comprender e iluminar mejor este tema.

El término *ger* probablemente se refiere a una persona de origen israelita o judaíta pero que estaba desarraigada de su hogar y se encontraba en un escenario de extrema precariedad y desprotección; los *gerim*, quienes recibían un reconocimiento legal, eran parte integrante de la sociedad judía y padecían situaciones de extrema vulnerabilidad y miseria. Algunos autores apuntan que cuando en los textos sagrados se menciona a los *gerim*, se está aludiendo a Abrahán, Isaac y Jacob, los migrantes en Canaán.

Por otra parte, a los *nokrim* se los mira con recelo; no tienen la misma posición que los *gerim*. Algunos autores afirman que se trataba de personas autosuficientes con un nivel económico muy bueno, pero que estaban al margen de la comunidad religiosa y cultual de Judá, y por eso, probablemente, existían recelos contra ellos. A los *zarim* se los consideraba completamente extranjeros, pertenecientes a otras naciones, y se los veía generalmente como enemigos (parecido a los *nokrim*). Con el paso del tiempo, este término se adoptó técnicamente para designar al gentil o pagano.

Todas estas palabras utilizadas para designar al extranjero fueron evolucionando a lo largo de la historia del pueblo. Esto no debe sorprendernos –forma parte de los procesos de evolución y construcción de Israel–. Los textos bíblicos más tardíos evidencian que el proceso de integración de los extranjeros en la comunidad se fue produciendo adecuadamente y dio paso a la constitución de la nueva sociedad que se forjaba en Judá.

La historia de Israel nos abre nuevas posibilidades y nos invita a replantearnos dónde y cómo nos ubicamos ante la realidad de las migraciones que toma rostro en tantos hermanos y hermanas que se mueven entre a través de las fronteras geopolíticas buscando opciones de vida más dignas, más humanas. Podemos preguntarnos: ¿cerraremos las puertas?; ¿o quizá nos aferraremos a nuestras creencias por el miedo a la diversidad?; ¿nos anclaremos en la falsa seguridad de nacionalismos que no permiten ver la gratuidad del encuentro?; ¿olvidaremos nuestra herencia migrante? Rescatemos del baúl de los recuerdos que anidan en nuestro corazón y en nuestra cabeza, la tradición hospitalaria de Israel; aprendamos del proceso histórico del pueblo y abramos los brazos para acoger, mantengamos abierta la puerta de casa para que Dios mismo entre (Gn 18).

Cada una de las experiencias migratorias vividas por el pueblo a lo largo de toda su historia marcó la vida de sus gentes. Especialmente lo hicieron la esclavitud en Egipto, la liberación y el destierro en Babilonia; de ahí que el salmista nos recuerde: «A orillas de los ríos de Babilonia estábamos sentados llorando, acordándonos de Sion... ¿Cómo podríamos cantar un canto a Yahvé en un país extranjero?» (Sal 137). Israel llevará tatuada en la piel la experiencia de sus antepasados, migrantes, forasteros, oprimidos, esclavos, pero al mismo tiempo liberados. Muchos son los textos del Antiguo Testamento que nos recuerdan esta herencia; también muchos son los personajes que vivieron la experiencia migrante en propia carne; por ejemplo, José (Gn 37–50), identificado como el migrante que prospera en tierra extranjera; o el caso de Moisés, que como refugiado fue acogido por Reuel (Ex 2,15-22); también la historia de Rut, que se nos presenta como la historia de los derechos de los pobres y de los migrantes, pero al mismo tiempo como una historia universalista, de carácter abierto; por otro lado, la tradición profética se muestra siempre en defensa de los pequeños, denunciando las injusticias y atropellos cometidos contra ellos, como es el caso del texto del profeta Jeremías (Jr 7,1-15) en el que este denuncia las graves consecuencias de una mala gestión política que termina afectando a los más vulnerables de la época: los forasteros/extranjeros, las viudas y los huérfanos; en el caso de los textos sapienciales, también vemos evidencias a través de cánticos y poemas que nos recuerdan igualmente la esencia migrante del pueblo, la impotencia del exilio, la necesidad de ponerse en los zapatos de los extranjeros, convirtiendo sus cantos en constantes llamadas a la universalidad.

La Biblia no escatima en la descripción de experiencias de extranjeridad, las cuales, en muchos casos, se presentan desde la perspectiva de la hospitalidad. Ejemplo de ello es el episodio en la tienda de Abrahán (Gn 18,1-16), convertido en un referente paradigmático de acogida. A este se suman otros relatos significativos como la hospitalidad ofrecida por Lot (Gn 19,1-14), por Rajab en Jericó (Jos 2,1-24), por el padre de la concubina en Guibeá (Jue 19,1-10) o por Ragüel en el libro de Tobías (Tob 7,1-17), entre otros.

Cada una de esas historias y personajes se convierten hoy en invitación para la acogida y el respeto por el otro. Los textos sagrados cuestionan hoy nuestras actitudes xenófobas y todas las formas de racismo, que deshumanizan y destruyen la convivencia.

Y al partir el pan, se les abrieron los ojos

> «Al acercarse al pueblo a donde iban, él hizo ademán de seguir adelante.
> Pero ellos le rogaron insistentemente:
> "Quédate con nosotros, porque atardece y el día ya ha declinado".

Entró, pues, y se quedó con ellos.
Sentado a la mesa con ellos, tomó el pan,
pronunció la bendición, lo partió y se lo iba dando.
Entonces se les abrieron los ojos y lo reconocieron,
pero él desapareció de su vista»

(Lc 24,28-32).

Fue en un acto de hospitalidad, de comida compartida, donde se les abrieron los ojos a los discípulos de Emaús.

La hospitalidad está fuertemente vinculada a la casa. Se sabe que diversas tradiciones, escuelas y corrientes de interpretación de la Torá (los cinco primeros libros de la Biblia) surgieron en el contexto de la hospitalidad, de la acogida y de la comida. Así mismo, los expertos en el Evangelio de Lucas indican que la «acogida en casa» y la «comida» suelen ser signos comunes a los relatos de hospitalidad que narra este evangelista (la hospitalidad en casa de Leví, Lc 5,27-32; la hospitalidad en casa de Simón, Lc 7,36-50; la hospitalidad en casa de un fariseo, Lc 11,37-50, etc.). Estos elementos están muy vinculados a las palabras del huésped, la venida del huésped, la escucha y la acogida del huésped. No es de extrañar que Lucas ubique un acto de hospitalidad en un relato de resurrección en torno a la casa y la comida.

Ahora bien, se ha consensuado que la hospitalidad es la acogida del extranjero/extraño. Que la hospitalidad era una práctica muy extendida por el mundo antiguo, que se celebraba en el ámbito de la familiaridad, es decir, en un espacio físico concreto, la casa. De esta forma, el extraño al que se acoge se convierte en familia. La acogida del extraño/extranjero no solo pasaba por el ofrecimiento material de seguridad y confort, sino que, al estar relacionado con actitudes de familia, ofrecía al huésped algo más profundo: las relaciones que se podían tejer entre personas, el reconocimiento de la humanidad del huésped.

La hospitalidad fue una actitud muy bien valorada tanto en el Antiguo como en el Nuevo Testamento. El mismo Jesús es presentado en los Evangelios como referente de hospitalidad (dio hospitalidad y la recibió), y las primeras comunidades vivieron la hospitalidad en la fraternidad y con la certeza de saberse miembros de una «familia extensa» que era capaz de romper estereotipos, procedencias, estatus sociales, etc., porque «ya no hay judío ni griego, ni esclavo ni libre, ni hombre ni mujer, ya que todos vosotros sois uno en Cristo Jesús» (Gal 3,28).

El modo de proceder de Jesús es hoy orientación respecto de las características de la hospitalidad cristiana, y es al mismo tiempo hoja de ruta para nuestras comunidades, que asisten perplejas a la realidad de las migraciones forzadas y al rechazo del otro (extranjero/extraño). El Evangelio ofrece diversos relatos que nos presentan a un Jesús totalmente hospitalario. Es el caso, por ejemplo, del encuentro con la mujer samaritana (Jn 4,7-10), en el que Jesús no solo rompe con el prejuicio religioso (los samaritanos eran considerados paganos), sino también con el prejuicio contra los migrantes (los judíos no hablaban con samaritanos); o el relato del buen samaritano (Lc 10,30-37), en el que Jesús echa mano de un pagano-extranjero para enseñar sobre la verdadera hospitalidad; o el relato más representativo que equipara a Jesús con los extranjeros «"porque fui forastero y me acogisteis". "Pero, Señor, ¿cuándo te vimos forastero y te acogimos?". "Os aseguro que cuanto hicisteis a uno de estos hermanos míos más pequeños, a mí me lo hicisteis"» (Mt 25,31-46); y no podemos pasar por alto largo el relato del nacimiento de Jesús, que evidencia el viaje de la familia de Nazaret y lo difícil que lo tuvieron María y José para encontrar refugio y cobijo. Lucas nos presenta cómo Jesús nace en un contexto de hostilidad de aquellos vecinos que no ofrecieron hospitalidad para que el niño naciera (Lc 2).

La genialidad y novedad del Nuevo Testamento radica en que el Hijo de Dios se identifica con los más pequeños y vulnerables. La condición de extranjeridad, ese «sentirse extranjero», se consideraba en la época de Jesús una forma de exclusión. Pensemos en las innumerables realidades de exclusión que viven tantas personas migrantes y refugiadas en nuestros tiempos. Realidades de exclusión en las fronteras físicas (devoluciones sumarias en las fronteras, violencia sobre el cuerpo de los migrantes; desapariciones y muertes en el mar, en el desierto, en las carreteras) y en las llamadas fronteras invisibles, aquellas que se encuentran las personas migrantes en el día a día (impedimentos para obtener la documentación; no poder acceder a derechos como la sanidad, la educación, el empleo; escuchar mensajes de odio como «los migrantes nos roban el trabajo»; «los migrantes traen inseguridad y enfermedades»; «los migrantes son todos unos ladrones»; «vete a tu país, aquí no cabemos todos).

Ante esta realidad, reclamamos más hospitalidad. Una hospitalidad a imagen de Jesús, con respeto por el otro, reconociendo el valor del encuentro y de la diversidad, en clave de universalidad y apertura, que nos permita crear espacios de intercambio, de convivencia intercultural, de diálogo interreligioso. Una hospitalidad que ensanche el espacio de la tienda para acoger la diferencia y crecer juntos a partir de ella. Una hospitalidad que sepa reconocer la fragilidad, el barro del otro, y que, en el encuentro de la vulnerabilidad compartida, se arriesgue a gestar comunidad y a abrir nuevos caminos.

Pero también una hospitalidad a imagen de las primeras comunidades cristianas, que se tomaron en serio el acontecimiento de la resurrección, un acontecimiento que marcó sus vidas para siempre. Cuando se revisan los textos del Nuevo Testamento, se puede descubrir la pasión de aquellas primeras mujeres y hombres en el anuncio de la Buena Nueva, se percibe el convencimiento del envío, de la misión y de la universalidad. Prueba de ello son los relatos del Libro de los Hechos de los Apóstoles, «Estaban todos reunidos. Entonces quedaron todos llenos de Espíritu Santo y se pusieron a hablar en diversas lenguas» (Hch 2), y, como actualización del relato de Babel, la diversidad ocupa un lugar privilegiado, como lo había soñado Dios desde el principio. Pero, además, los Hechos abundan en relatos sobre la hospitalidad, como es el caso de Lidia –«Venid y hospedaos en mi casa» (Hch 16,11-40)– o el mismo Felipe –«Salimos hacia Cesarea. Una vez allí, entramos en casa de Felipe, el evangelista, que era uno de los Siete, y nos hospedamos en su casa» (Hch 21,8-14)–; o el caso de Justo –«Entonces [Pablo] se retiró de allí y entró en casa de un tal Justo. Pablo permaneció allí un año y seis meses, enseñando entre ellos la palabra de Dios» (Hch 18,7-11)–.

Todos estos relatos son la evidencia de la importancia sociológica de la hospitalidad para la expansión de la Buena Nueva, en la que las mujeres tuvieron un papel protagonista al ofrecer la hospitalidad. Acoger en la propia casa era un signo de acogida del mensaje que llevaba el huésped y además fue el cimiento para constituir las primeras Iglesias cristianas.

Así como el Libro de los Hechos de los Apóstoles refleja la importancia de la hospitalidad, lo harán también las cartas paulinas y las cartas pastorales. Pablo vivió en sus carnes la experiencia de la extranjeridad, de la alteridad y de la diversidad. Fue extranjero, un *«otro»* para sus propios paisanos judíos, pero también para los gentiles, incluso para las primeras comunidades, como Corinto y Galacia. Así mismo, las cartas pastorales prestan atención a la práctica de la hospitalidad. Especialmente la Primera Carta de Pedro expresa detalladamente la realidad de la extranjeridad y de la migración «Pedro, apóstol de Jesucristo, a los elegidos que viven como extranjeros en la dispersión: en el Ponto, Galacia, Capadocia, Asia y Bitinia» (1 Pe 1,1-2). La carta de Pedro evidencia ese sentimiento de desarraigo, «No soy de aquí ni de allí», que experimentaban aquellos migrantes cristianos, pero además la sensación de rechazo, discriminación y persecución, dada su condición de cristianos.

Finalmente, veremos cómo los Santos Padres también anunciaron a través de sus escritos, homilías y catequesis la importancia de mantener relaciones de igualdad, solidaridad y fraternidad, así como el mandato cristiano de practicar la hospitalidad, porque la comunión con nuestros hermanos y hermanas es una invitación constante a la acogida y a la integración. La doctrina social de la Iglesia (DSI) mantendrá la enseñanza de los Santos Padres. El corpus de la DSI contiene documentos eclesiales que profundizan tanto en la realidad de las personas migrantes como en la necesidad de la práctica de la hospitalidad.

La DSI se ha enriquecido especialmente, en estos últimos años, con el magisterio de Francisco sobre la movilidad humana (las migraciones). Son muchos los documentos, mensajes, homilías, encíclicas, catequesis que ponen en el centro de la vida pastoral de la Iglesia la realidad de las personas que se mueven por el mundo, sobre todo aquellas que lo hacen forzosamente, obligadas a huir de sus hogares a causa de conflictos bélicos, pobreza, violencia, perecuaciones, etc. Francisco nos ha hecho un regalo magisterial en torno a estos temas, y ha profundizado de manera interdisciplinar y espiritual en el asunto de la hospitalidad: según el papa, «la hospitalidad es acogida, es bienvenida, es gratuita, y nos permite integrar a todos los miembros [de la sociedad], incluso a aquellos que por diversos motivos se han convertido en extranjeros existenciales o exiliados ocultos». Francisco no se cansa de indicar que es necesario trabajar todos juntos para generar una cultura de la hospitalidad, en la que podamos promover la inclusión y la acogida para construir juntos un mundo mejor en el que poder sentirnos hermanos y hermanas.

La vida de las personas migrantes y refugiadas, sus rostros, sus historias, nos interpelan. La hospitalidad ensancha el espacio de mi tienda y me invita a «salir de mi tierra», de mis propias seguridades, de mis zonas de confort, de mis ideas, de lo aprendido... para dar paso al encuentro con el «otro», para romper mis propios esquemas, para vivir una experiencia nueva. No siempre es fácil –se cuelan los miedos–, pero no es imposible: ya te digo yo, desde la vivencia de mi propia extranjeridad, que es posible vivir con otros, recorrer caminos juntos y soñar una nueva humanidad.

Rut entre nosotros: un testimonio de hospitalidad en el siglo XXI

Fátima contemplaba el mar desde la orilla de Tánger, con su pequeño hijo Mohammed, de cuatro años, dormido en su regazo. Las olas rompían suavemente en la playa, pero el verdadero oleaje se agitaba en su interior. Apenas tres meses atrás, había enterrado a su esposo, Yousef, fallecido en un accidente laboral en una obra. Ahora, a sus veintiocho años, se encontraba sola con su hijo y su suegra española, Carmen, una mujer de sesenta y dos años que había emigrado a Marruecos décadas atrás por amor, y que ahora deseaba regresar a su Andalucía natal tras la muerte de su hijo.

«No tienes que acompañarme, Fátima –le había dicho Carmen con los ojos llorosos–. Puedes quedarte con tu familia aquí». Pero Fátima recordaba las palabras que muchas veces había escuchado a Carmen leer de ese libro que tanto amaba: «No me insistas en que te deje y me separe de ti, porque donde tú vayas, yo iré; donde tú vivas, yo viviré. Tu pueblo será mi pueblo y tu Dios será mi Dios» (Rut 1,16). Aquellas palabras, dirigidas por una extranjera moabita a su suegra israelita hace miles de años, resonaban ahora en su corazón con nueva fuerza.

«Somos familia –le respondió simplemente–. Mohammed necesita una abuela, y tú necesitas a tu nieto. Iremos contigo».

El viaje no fue como lo habían imaginado. La travesía en patera resultó una experiencia traumática que Fátima intentaría olvidar durante años. Demasiadas personas hacinadas en una embarcación precaria, el miedo constante, el frío que calaba los huesos, los llantos de Mohammed mezclándose con el ruido del motor y el rumor del mar. Carmen, pese a su edad y su salud frágil, se mantuvo serena, rezando en voz baja y sosteniendo a su nieto contra su pecho cuando Fátima vomitaba por el mareo. «Dios está con nosotros –repetía como un mantra–. Como estuvo con Israel en el Mar Rojo, como estuvo con Rut y Noemí en su camino a Belén».

La llegada a la costa española no supuso el final de sus penurias. La acogida inicial en un centro de internamiento, los trámites interminables, la sospecha en las miradas, la incomprensión del idioma. Para Carmen, el regreso a su tierra natal tras treinta años se convirtió en un doloroso despertar: su España había cambiado, y ella ahora era vista como cómplice de «ilegales».

«Mi nuera no es una ilegal –repetía con firmeza ante funcionarios impacientes–. Es la madre de mi nieto, es mi familia». Pero las palabras parecían chocar contra muros invisibles, mas firmemente establecidos.

Consiguieron finalmente instalarse en un pequeño pueblo andaluz, donde Carmen había heredado una modesta casa de su hermana fallecida. Los primeros meses fueron duros. El rechazo no siempre era explícito, pero se manifestaba en gestos sutiles: conversaciones que cesaban cuando ellas entraban en la tienda del pueblo, madres que alejaban a sus hijos cuando Mohammed intentaba jugar con ellos en el parque, miradas de desconfianza cuando Fátima desplegaba su alfombra de oración.

«Lo siento, Fátima –sollozaba Carmen por las noches–. Pensé que aquí encontraríamos paz». Fátima entonces tomaba las manos de su suegra entre las suyas y le respondía: «Recuerda lo que me contaste sobre Rut.

También ella sufrió antes de encontrar su lugar en Belén. Necesitamos tiempo y paciencia».

El cambio comenzó una tarde de primavera, cuando Fátima, desesperada por la falta de recursos, se presentó en los campos de fresas cercanos solicitando trabajo. El capataz la miró con desconfianza, pero un hombre mayor, propietario de parte de los cultivos, intervino.

«¿De dónde vienes?», le preguntó con voz fuerte pero no hostil.

«De Marruecos –respondió ella con dignidad–. Vivo con mi suegra española y mi hijo pequeño. Necesitamos el trabajo».

El hombre, que se presentó como Antonio, la observó en silencio unos instantes, mirándola de arriba abajo. «Mi padre fue emigrante en Alemania –dijo finalmente–. Sé lo que es buscar el pan lejos de tu tierra. Puedes empezar mañana».

Antonio resultó ser viudo, un hombre respetado en el pueblo y comprometido con la parroquia local. No era ajeno a las murmuraciones cuando comenzó a mostrar un trato justo y considerado con Fátima, permitiéndole incluso recoger las fresas sobrantes al final de la jornada para llevarlas a casa, en un eco inconsciente de cómo Booz permitió a Rut espigar en sus campos.

«No te preocupes por los comentarios –le dijo un día–. He visto cómo trabajas, cómo cuidas de tu suegra y de tu hijo. Si algo me enseñó mi madre es que a las personas se las juzga por sus obras, no por su origen».

El verdadero punto de inflexión llegó cuando Mohammed, tras meses asistiendo al colegio del pueblo, enfermó gravemente con una neumonía. Carmen, desbordada, acudió a la parroquia en busca de consuelo. El padre Gabriel, un sacerdote joven que llevaba poco tiempo en el pueblo, la escuchó con atención y esa misma tarde se presentó en su casa con medicinas y alimentos.

«¿Por qué nos ayuda? –preguntó Fátima, desconcertada–. Ni siquiera soy cristiana».

El sacerdote sonrió. «Jesús no preguntaba la religión de quien sufría antes de tenderle la mano. Además, ¿recuerdas la historia de Rut? Era moabita, adoraba a otros dioses, pero su lealtad y amor a Noemí fueron más importantes que cualquier diferencia».

En los días siguientes, algo extraordinario comenzó a suceder. Varias familias de la parroquia, siguiendo el ejemplo del padre Gabriel, se acercaron a ofrecer su ayuda. Una vecina, enfermera jubilada, revisaba diariamente a Mohammed. Otras traían comidas que hacían en sus casas. Un abuelo del pueblo comenzó a enseñar español a Fátima cada tarde en la cocina, mientras sus nietos jugaban con Mohammed, ya recuperado.

Antonio, quien había seguido de cerca la evolución de la familia, propuso a Fátima un trabajo más estable en la cooperativa agrícola que él presidía. «Necesitamos diversidad en nuestro equipo –argumentó ante la junta directiva–. Fátima conoce técnicas de cultivo que podríamos aplicar aquí».

Un año después de su llegada, la pequeña casa de Carmen se había convertido en un punto de encuentro donde se mezclaban acentos, sabores y tradiciones. Fátima enseñaba a las vecinas a preparar tajín y cuscús; Carmen compartía las historias bíblicas, que ahora cobraban nuevo significado; Mohammed crecía bilingüe, traduciéndole al padre Gabriel las oraciones que aprendía de su madre.

El culmen de esta transformación llegó con la celebración del Ramadán. Cuando el padre Gabriel propuso usar el salón parroquial para que las pocas familias musulmanas del pueblo pudieran romper juntas el ayuno, hubo resistencias iniciales. Sin embargo, Carmen intervino en la reunión del consejo parroquial.

«Cuando Jesús partió el pan en Emaús, los discípulos lo reconocieron en ese gesto de compartir –dijo con voz temblorosa pero firme–. Mi nuera comparte con nosotros cada día su pan, su tiempo, su cuidado. ¿No podemos nosotros compartir nuestro espacio?».

El iftar[1] comunitario celebrado en la parroquia se convirtió en un símbolo de la nueva hospitalidad que había florecido en el pueblo. Antonio, sentado junto a Fátima y Mohammed, observaba maravillado cómo cristianos y musulmanes compartían la mesa, intercambiaban historias y descubrían sus sorprendentes similitudes.

«Es como en la historia de Rut –comentó Carmen, emocionada– Lo que empezó con el dolor del desarraigo ha florecido en bendición para todos».

Fátima asintió, pensativa. «En el Corán, Ibrahim –vuestro Abrahán– también recibe a los extranjeros en su tienda sin saber que eran mensajeros divinos. Quizá la hospitalidad es el lenguaje universal con el que Dios nos habla a todos».

Esa noche, antes de dormir, Mohammed pidió a su abuela que le contara nuevamente la historia de Rut. Cuando Carmen terminó, el niño preguntó: «¿Somos nosotros como Rut y Noemí?».

---

[1] El iftar es la cena comunitaria con la que se rompe el ayuno diario durante el mes de ramadán.

Carmen acarició su cabello. «Sí, pequeño. Y, como ellas, hemos descubierto que cuando abrimos nuestro corazón al extranjero, es Dios mismo quien entra en nuestra casa».

La hospitalidad como sacramento del encuentro

La historia de Fátima, Carmen y Mohammed nos recuerda que la hospitalidad cristiana trasciende las fronteras religiosas, culturales y geográficas. Como en los tiempos bíblicos, sigue siendo un espacio sagrado donde Dios se manifiesta en el rostro del extranjero. La imagen de Rut, la moabita que se convirtió en bisabuela del rey David y entró en la genealogía de Jesús, nos enseña que la acogida del extranjero no es solo un acto de caridad, sino una oportunidad de enriquecimiento mutuo y de reconocimiento de nuestra común humanidad.

En un mundo marcado por migraciones masivas, fronteras fortificadas y crecientes sentimientos xenófobos, la tradición cristiana de hospitalidad nos interpela con una pregunta incómoda pero esencial: ¿reconocemos en el migrante de hoy a Cristo que sigue llamando a nuestra puerta? Como nos recuerda la Carta a los Hebreos: «No os olvidéis de la hospitalidad; gracias a ella, algunos, sin saberlo, hospedaron a ángeles» (Heb 13,2).

Cuestiones para la reflexión

La tradición cristiana lleva en su ADN la práctica de la hospitalidad. Hemos visto a lo largo de esta reflexión de qué manera el ejercicio de la hospitalidad fue para las primeras comunidades cristianas un signo de la presencia del mismo Jesús («fui forastero y me acogisteis»). Las siguientes preguntas quieren ayudar a profundizar en esta práctica, que es al mismo tiempo vocación y misión de la Iglesia.

1. ¿Cómo asumo mi compromiso cristiano de cara a la realidad de las personas que migran?; ¿reconozco que en algunas ocasiones me cuesta sentirme «Iglesia en salida» con el otro diferente?
2. Nuestra tradición cristiana tiene una herencia migrante. ¿Me siento puerta abierta?; ¿es posible vivir la hospitalidad con personas de otras culturas y/o creencias?
3. ¿Qué puedo aprender de la historia de Israel en relación con la acogida?; ¿tiene sentido hablar de acogida en un mundo individualista?
4. ¿Qué actitudes puedo ir sembrando en mi comunidad, barrio, trabajo, colegio, que inviten a ser puerta abierta, como en la historia de Fátima que hemos leído?
5. ¿Creo que la hospitalidad puede contribuir a formar una sociedad más humana? Y si es así, las políticas migratorias ¿deberían tener en cuenta la práctica de la hospitalidad?

Estas preguntas nos invitan a no olvidarnos de nuestra herencia migrante, pero también a recordar que dentro de nosotros también habita la extranjeridad. En diversas ocasiones, el papa Francisco ha insistido en que debemos cultivar una «cultura del encuentro» en contraposición a una «cultura del descarte». La hospitalidad se me presenta como una forma adecuada de vivir el encuentro abriendo las puertas de mi casa interior y, si puedo, también las puertas de mi casa física.

3

La fragilidad como puerta de entrada a la hospitalidad

La hospitalidad emerge como un valor esencial en la vida humana, íntimamente ligado a la fragilidad y vulnerabilidad inherentes a nuestra existencia. En un mundo marcado por la migración y la diversidad, la invitación a practicar una hospitalidad radical se vuelve más urgente que nunca. Esta forma de acogida no solo es un acto de generosidad, sino también una respuesta teológica que nos recuerda nuestra interconexión como seres humanos creados a imagen de Dios.

La DSI se fundamenta en el principio del bien común y en la dignidad de cada persona, desafiando los relatos de hostilidad y exclusión que a menudo prevalecen en contextos migratorios. El documento *Erga migrantes caritas Christi* enfatiza que los migrantes son cocreadores de una fraternidad universal, sugiriendo que la hospitalidad es intrínseca a la misión de la Iglesia. Este enfoque resalta cómo, a través de la fragilidad compartida, se establece un espacio para el encuentro con lo divino.

La historia de salvación se escribe en las heridas y vulnerabilidades humanas, recordándonos que Dios se hace presente en medio del sufrimiento y la incertidumbre. Así, la hospitalidad se convierte en un acto de gracia que transforma no solo al que acoge, sino también al que es acogido, abriendo puertas hacia nuevas posibilidades de diálogo y entendimiento.

Desde esta perspectiva, aceptar nuestra fragilidad se convierte en la clave para dejar atrás el miedo y acercarnos a quienes necesitan un hogar, reafirmando nuestra condición de peregrinos que comparten el viaje.

El miedo a la hospitalidad

> «Pongan en el centro la voz de los que no son escuchados. Pienso en los más pobres que sufren al ser vistos como una carga o una molestia. Pienso en los que a menudo, muy jóvenes, tienen que abandonar su país para buscar un futuro mejor. Cuiden de cada uno: no son números sino personas y cada persona es sagrada. [...] Renunciemos a la cultura del miedo para abrir la puerta de la acogida y la amistad» (Papa Francisco)[1].

El miedo a la hospitalidad es un fenómeno complejo que se manifiesta en diversas sociedades contemporáneas. Este miedo, que puede parecer irracional, está profundamente arraigado en nuestras percepciones de seguridad, identidad y pertenencia. Aquí exploraremos las raíces de este miedo, su impacto en nuestras comunidades y la necesidad de transformar esta emoción en una oportunidad para el crecimiento personal y colectivo.

---

[1] Videomensaje a los participantes en el encuentro *Med24-Peregrinos de la esperanza: Constructores de paz*, Tirana, 15-20 de septiembre de 2024.

El miedo a la hospitalidad se puede entender como una reacción emocional ante la llegada del otro, especialmente cuando ese otro es un inmigrante o un forastero. Este temor se basa en la percepción de que la llegada de personas de otras culturas puede erosionar nuestras vidas y amenazar nuestros privilegios. La idea de que nuestra identidad, nuestros valores y nuestro estilo de vida pueden verse comprometidos genera una sensación de vulnerabilidad que es difícil de aceptar.

Este tipo de miedo no es nuevo; ha sido parte de la experiencia humana desde tiempos inmemoriales. A lo largo de la historia, las migraciones han sido vistas como oportunidades y a la vez como amenazas. Sin embargo, en el contexto actual, donde las sociedades son cada vez más diversas, el miedo a lo desconocido se intensifica. La globalización ha hecho que las fronteras sean más permeables, pero también ha exacerbado las tensiones culturales y sociales.

El reconocimiento de nuestra vulnerabilidad no debe verse como un signo de debilidad, sino como una característica fundamental de nuestra humanidad. Todos somos peregrinos en esta vida; todos afrontamos incertidumbres y desafíos. Este reconocimiento nos recuerda que nos necesitamos los unos a los otros para vivir y desarrollarnos. La vulnerabilidad nos conecta con los demás y nos invita a construir puentes en lugar de muros.

El miedo puede ser un mecanismo de defensa natural. Nos protege de lo desconocido y nos ayuda a establecer límites. Sin embargo, si permitimos que este miedo nos ancle en una postura hostil, corremos el riesgo de cerrar las puertas a experiencias enriquecedoras. En lugar de ver al inmigrante como una amenaza, podemos elegir verlo como una oportunidad para aprender y crecer.

La migración ha sido un proceso constante en la historia humana. Desde los primeros *Homo sapiens* que abandonaron África hasta las actuales oleadas migratorias, la movilidad ha sido esencial para el desarrollo cultural, social y económico de las sociedades. Las culturas que han abrazado la diversidad han demostrado ser más resilientes y creativas.

Las sociedades más prósperas suelen ser aquellas que han sabido integrar diferentes culturas. Por ejemplo, ciudades como Nueva York, Londres o Barcelona son ejemplos claros de cómo la mezcla cultural puede llevar a un florecimiento artístico y económico. La diversidad no solo enriquece nuestras vidas como personas, sino que también impulsa el progreso colectivo.

Lejos de ser algo reprochable, el miedo es una reacción humana legítima frente a la incertidumbre. Sin embargo, es crucial reflexionar sobre cómo influye ese miedo en nuestras decisiones y comportamientos. Cuando el miedo se convierte en hostilidad, puede llevar a políticas discriminatorias y actitudes xenófobas que afectan no solo a los inmigrantes, sino también a nuestra propia sociedad.

El miedo puede llevarnos a construir muros físicos y psicológicos que separan a las comunidades. La retórica política muchas veces alimenta este temor al presentar al inmigrante como un enemigo o como alguien que nos viene a quitar lo que es nuestro. Esta narrativa simplista ignora las realidades complejas de la migración y deshumaniza a quienes buscan una vida mejor.

Para contrarrestar el miedo a la hospitalidad, es fundamental adoptar un enfoque basado en la empatía y el entendimiento. Esto implica reconocer nuestras emociones sin dejar que nos dominen. La educación desempeña un papel crucial en este proceso; al aprender sobre otras culturas y realidades, podemos desmitificar nuestros temores.

Fomentar espacios donde se celebren las diferencias culturales puede ser una forma efectiva de transformar el miedo en hospitalidad. Actividades comunitarias que promuevan el intercambio cultural pueden ayudar a crear un sentido de comunidad más inclusivo.

Además, es esencial promover relatos positivos sobre la migración. Contar historias sobre cómo los inmigrantes han contribuido al bienestar social y económico puede cambiar percepciones negativas y fomentar una cultura más acogedora.

El concepto del bien común es fundamental para entender por qué debemos superar nuestro miedo a la hospitalidad. Sin valores compartidos y un compromiso con el bienestar colectivo, corremos el riesgo de fragmentarnos como sociedades. La hospitalidad no solo beneficia al inmigrante; también fortalece el tejido social al promover la cohesión y el entendimiento mutuo.

Cuando acogemos al otro con apertura y respeto, estamos invirtiendo en un futuro más próspero para todos. Las comunidades que valoran la diversidad tienden a ser más innovadoras y resilientes ante los desafíos globales.

El miedo a la hospitalidad es un reflejo de nuestras inseguridades humanas; sin embargo, no está llamado a definirnos. Al reconocer nuestra vulnerabilidad e historia compartida como seres humanos peregrinos, podemos comenzar a transformar este miedo en oportunidades para crecer juntos.

Es esencial recordar que cada encuentro con el otro es una oportunidad para aprender algo nuevo sobre nosotros mismos y sobre el mundo que nos rodea. Al abrir nuestras puertas –tanto físicas como emocionales– abrimos también nuestro corazón a nuevas posibilidades.

La migración ha sido parte integral de nuestra historia colectiva; abrazarla significa abrazar nuestra humanidad compartida. En lugar de permitir que el miedo nos divida, podemos elegir construir puentes hacia un futuro más inclusivo donde todos tengamos un lugar digno.

Así, al final del camino, reconocer nuestra vulnerabilidad puede ser el preámbulo hacia una mayor comprensión y aceptación del otro –aquel que llega con su propia historia, sus propias luchas y su propia humanidad–.

La fragilidad como parte de la experiencia humana

A medida que pasan los años me convenzo más y más de que nuestra vida solo tiene sentido en relación con los demás. El ser humano se conoce dándose a conocer, se ve viéndose ver, explora su «corazón» internándose en los demás. El encuentro con los otros es lo que nos construye como personas. Eso no quiere decir que cada persona no sea importante como individuo, si no que sin la relación con los otros nuestra vida no tendría sentido.

Desde el nacimiento, los seres humanos entramos en el mundo en un estado de total vulnerabilidad. Dependemos de otros para sobrevivir; nuestros padres son quienes nos alimentan, protegen y guían. Esta dependencia inicial establece las bases para nuestras relaciones futuras. A medida que crecemos, a menudo tratamos de ocultar nuestra fragilidad, buscando proyectar una imagen de fortaleza e independencia. Sin embargo, esta búsqueda puede llevarnos a la soledad y al aislamiento.

La cultura contemporánea magnifica frecuentemente la autosuficiencia y minimiza la importancia de las relaciones interpersonales. Sin embargo, es precisamente en los momentos de debilidad y vulnerabilidad cuando somos más capaces de conectar con los demás. Cuando admitimos nuestras limitaciones, abrimos la puerta a la empatía y a la compasión. Esta apertura se convierte en el primer paso hacia una verdadera hospitalidad.

Nuestra fragilidad compartida nos abre al encuentro y nos conecta con quienes nos rodean. Al compartir nuestras luchas y debilidades, creamos un espacio donde otros se sienten seguros para hacer lo mismo. Este intercambio genuino permite que florezcan relaciones significativas. En este sentido, la fragilidad no solo es una condición personal; es también una oportunidad colectiva para el crecimiento espiritual y emocional.

En 2 Corintios 12,10, Pablo nos recuerda que «cuando soy débil, entonces soy fuerte». Esta paradoja cristiana desafía nuestras nociones convencionales sobre la fuerza y el poder. En lugar de ver la debilidad como un obstáculo, podemos considerarla una invitación a depender más plenamente de Dios y de los demás. Es en estos momentos de rendición donde encontramos un espacio propicio para el encuentro auténtico. Esto lo podemos ver en Emaús.

> «Aquel mismo día dos de ellos se dirigían a un pueblo llamado Emaús, a unos once kilómetros de Jerusalén. Iban conversando sobre todo lo que había acontecido. Sucedió que, mientras hablaban y discutían, Jesús mismo se acercó y comenzó a caminar con ellos; pero no lo reconocieron, pues sus ojos estaban velados.
>
> –¿Qué venís discutiendo por el camino? –les preguntó.

Se detuvieron, cabizbajos; y uno de ellos, llamado Cleofás, le dijo:

–¿Eres tú el único peregrino en Jerusalén que no se ha enterado de todo lo que ha pasado recientemente?

–¿Qué es lo que ha pasado? –les preguntó.

–Lo de Jesús de Nazaret. Era un profeta, poderoso en obras y en palabras delante de Dios y de todo el pueblo. Los jefes de los sacerdotes y nuestros gobernantes lo entregaron para ser condenado a muerte, y lo crucificaron; pero nosotros abrigábamos la esperanza de que era él quien redimiría a Israel. Es más, ya hace tres días que sucedió todo esto. También algunas mujeres de nuestro grupo nos dejaron asombrados. Esta mañana, muy temprano, fueron al sepulcro, pero no hallaron su cuerpo. Cuando volvieron, nos contaron que se les habían aparecido unos ángeles, quienes les dijeron que él está vivo. Algunos de nuestros compañeros fueron después al sepulcro y lo encontraron tal como habían dicho las mujeres, pero a él no lo vieron.

–¡Qué torpes sois –les dijo–, y qué tardos de corazón para creer todo lo que han dicho los profetas! ¿Acaso no tenía que sufrir el Cristo estas cosas antes de entrar en su gloria?

Entonces, comenzando por Moisés y por todos los profetas, les explicó lo que se refería a él en todas las Escrituras.

Al acercarse al pueblo adonde se dirigían, Jesús hizo como que iba más lejos. Pero ellos insistieron:

–Quédate con nosotros, que está atardeciendo; ya es casi de noche.

Así que entró para quedarse con ellos. Luego, estando con ellos a la mesa, tomó el pan, lo bendijo, lo partió y se lo dio. Entonces se les abrieron los ojos y lo reconocieron, pero él desapareció. Se decían el uno al otro:

–¿No ardía nuestro corazón mientras conversaba con nosotros en el camino y nos explicaba las Escrituras?

Al instante se pusieron en camino y regresaron a Jerusalén. Allí encontraron a los once y a los que estaban reunidos con ellos. "¡Es cierto! –decían–. El Señor ha resucitado y se le ha aparecido a Simón".

Los dos, por su parte, contaron lo que les había sucedido en el camino, y cómo habían reconocido a Jesús cuando partió el pan».

El encuentro auténtico que surge cuando reconocemos nuestra fragilidad tiene el poder de transformar vidas. Al abrirnos al otro en nuestra vulnerabilidad, creamos oportunidades para el crecimiento personal y comunitario. Este tipo de interacción no solo nos beneficia a cada uno; también contribuye a construir y recrear la comunidad.

Jesús toma la iniciativa, los acompaña y crea un espacio seguro, de acogida. «Los alcanzó y se puso a caminar con ellos» (Lc 24,15). Los discípulos se sentían abandonados y decepcionados: solos y sin futuro. «Nosotros abrigábamos la esperanza de que era él quien redimiría a Israel» (Lc 24,21) Pero desde la hospitalidad se produce un cambio de relato. Los signos catastrofistas se transforman en signos de esperanza. «¡Qué necios y torpes para creer!» (Lc 24,25). Este sentarse a la mesa y compartir el pan desde la fragilidad ayuda a reconectar con la fuente de sentido. «Se les abrieron los ojos y lo reconocieron» (Lc 24,31). «¿No se abrasaba nuestro corazón cuando nos hablaba?» (Lc 24,35).

Es en ese encuentro auténtico, desde la vulnerabilidad, como se convierten en testigos de esperanza y se reintegran en la comunidad. «Se levantaron al instante, volvieron a Jerusalén» (Lc 24,33)

En este contexto, es importante recordar que cada encuentro tiene el potencial de ser sagrado. La presencia del otro puede verse como una manifestación del amor de Dios en nuestras vidas. Al acoger al prójimo con amor y respeto, estamos participando activamente en el plan de Dios, en su sueño para la humanidad.

La espiritualidad cristiana nos enseña que Dios se manifiesta en nuestra fragilidad. A lo largo de las Escrituras, vemos cómo Dios utiliza lo débil y lo vulnerable para llevar a cabo su misión. Por ejemplo, Moisés, quien se sentía incapaz de hablar ante el faraón debido a su tartamudez, fue elegido por Dios para liberar a su pueblo (Éxodo 4,10-12). Esta elección divina resalta cómo Dios actúa a través de nuestras limitaciones.

Cuando afrontamos situaciones difíciles que parecen superar nuestras fuerzas, es fácil caer en la desesperación. Sin embargo, estos momentos son también oportunidades para experimentar un «vuelco inesperado», donde Dios puede actuar en nuestras vidas. La fragilidad se convierte así en un espacio sagrado donde podemos encontrar consuelo y fortaleza divina.

La hospitalidad es más que simplemente abrir las puertas de nuestro hogar; es abrir nuestro corazón a los demás. En este sentido, ser hospitalario implica reconocer nuestra propia fragilidad y la fragilidad del otro. Cuando acogemos al otro con amor y compasión, estamos creando un espacio donde ambos podemos ser vulnerables y crecer juntos.

La hospitalidad cristiana se basa en el amor incondicional que Dios tiene por nosotros. Jesús mismo vivió esta verdad al acoger a marginados y pecadores. En Lucas 14,12-14, Jesús nos impulsa a invitar a aquellos que no pueden devolvernos el favor –los pobres, los lisiados y los ciegos– porque así reflejamos el corazón generoso de Dios.

Al practicar la hospitalidad partiendo de la vulnerabilidad compartida, no solo estamos sirviendo al otro; también estamos permitiendo que nuestras propias heridas sean sanadas en el camino. La conexión humana que surge del encuentro auténtico puede transformar tanto al que acoge como al huésped.

> «¿Qué sabréis de Dios vosotros, los sanos, si Dios nunca os ha salvado de nada; si estáis bien tal como estáis; si vuestro dinero, vuestra reputación, vuestra excelente salud y vuestros archi-cómicos títulos honoríficos os dispensan de llamarlo en vuestra ayuda?» (Aimé Duval, SJ)[2].

Un sacerdote jesuita francés, famoso compositor y cantante de los años 60, el P. Duval, en su experiencia de adicción al alcohol y en la vivencia de recuperación, narraba cómo nosotros, que lo habíamos perdido todo y estábamos muertos y en la auténtica miseria y desesperación, hemos vuelto la mirada a Dios, y su fuerza nos ha salvado.

El sufrimiento es otra dimensión importante que se entrelaza con la fragilidad y la hospitalidad. A menudo, son las experiencias dolorosas las que nos llevan a com-

---

[2] Aimé Duval, SJ, *Dios es alegría: Confesiones de un cura cantor*, Mensajero, Bilbao 1968, 79.

prender mejor las luchas ajenas. Cuando hemos pasado por momentos difíciles –ya sea pérdida, enfermedad o desilusión– desarrollamos una sensibilidad para el sufrimiento del otro.

Esta empatía se convierte en un motor para ser fuente de acogida de los demás. Al reconocer nuestros propios dolor y vulnerabilidad, estamos mejor equipados para ofrecer consuelo y apoyo a quienes atraviesan circunstancias similares. El sufrimiento compartido puede crear vínculos profundos entre las personas y fomentar una comunidad más solidaria. En Romanos 12,15 se nos exhorta: «Alegraos con los que se alegran; llorad con los que lloran».

La hospitalidad radical implica ir más allá del simple acto de recibir a alguien en nuestro hogar; requiere una disposición activa para involucrarnos en las vidas de los demás. Esto puede manifestarse en acciones concretas: prestar apoyo emocional a alguien que está pasando por un momento difícil o ayuda a quienes están luchando por cubrir sus necesidades básicas.

La Iglesia primitiva es un ejemplo inspirador de esta forma de hospitalidad radical. En Hechos 2,44-47 se describe cómo los creyentes compartían todo lo que tenían y se preocupaban unos por otros. Este tipo de comunidad no solo fue un refugio para sus miembros; también atrajo a muchos otros al mensaje del evangelio.

Al practicar una hospitalidad radical basada en nuestra fragilidad compartida, podemos desafiar las normas culturales que promueven el individualismo y la autosuficiencia. En lugar de vernos como competidores o rivales, comenzamos a vernos como compañeros y compañeras en este viaje.

En última instancia, reconocer nuestra fragilidad como condición necesaria para la hospitalidad nos invita a vivir sobre una base más auténtica y compasiva. Una invitación a no temer ni evitar la vulnerabilidad, sino a abrazarla como parte integral de nuestra experiencia humana.

A medida que aprendemos a vivir con esta conciencia –tanto individual como colectivamente– podemos abrirnos más plenamente al encuentro con los demás y con Dios mismo. La verdadera hospitalidad nace del reconocimiento mutuo de nuestras limitaciones y fortalezas compartidas.

Así pues, cuando somos capaces de ver nuestra fragilidad no como una carga sino como una bendición, comenzamos a experimentar un nuevo sentido de comunidad y pertenencia. En este viaje espiritual hacia la aceptación plena del otro –y hacia nosotros mismos–, encontraremos no solo consuelo, sino también un propósito renovado: ser testigos de la esperanza, agentes activos del amor de Dios en un mundo necesitado desesperadamente de conexión genuina.

Cuando reconocemos lo que da sentido a nuestra vida, es precisamente esta apertura al otro lo que nos transforma; es este acto radical de acogida lo que nos lleva hacia una vida plena con Jesús –aquel que también conoció la fragilidad humana y eligió abrazarla por amor–.

Tiempo de gracia

La fragilidad es una condición inherente a la existencia humana, un estado que nos recuerda nuestra vulnerabilidad y la interdependencia que compartimos con los demás. En este contexto, la fragilidad se presenta no solo como una debilidad, sino como una puerta abierta hacia el encuentro y el sentido de la vida. Esta reflexión se torna especialmente relevante al considerar la vida de las personas migrantes vulnerables, quienes afrontan innumerables desafíos en su búsqueda de un lugar seguro y digno.

A menudo las personas migrantes se encuentran en situaciones de precariedad extrema. La pérdida de hogar, la separación familiar y la incertidumbre sobre el futuro son solo algunas de las realidades que encaran. Sin embargo, en medio de esta fragilidad hay un profundo anhelo de pertenencia, aceptación y búsqueda de sentido. El encuentro con la fragilidad dentro de las comunidades hace brotar en ocasiones el apoyo y la solidaridad, creando espacios donde el consuelo se manifiesta a través de la empatía y la acogida de la comunidad.

La parábola del buen samaritano, presente en el Evangelio de Lucas, ilustra perfectamente esta dinámica. El samaritano, al ver a un hombre herido en el camino, no duda en prestar su ayuda. Su acción no solo sana las heridas del viajero, sino que también revela una lección fundamental sobre la humanidad compartida: el verdadero consuelo surge cuando respondemos a la fragilidad del otro con compasión.

Hagamos una lectura actualizada de esta parábola en nuestros contextos cotidianos.

La parábola del buen samaritano

En esto se presentó un experto en la ley y, para poner a prueba a Jesús, le hizo esta pregunta:

–Maestro, ¿qué tengo que hacer para heredar la vida eterna?

Jesús replicó:

–¿Qué está escrito en la ley? ¿Cómo la interpretas tú?

Como respuesta, el hombre citó:

–«Ama al Señor tu Dios con todo tu corazón, con todo tu ser, con todas tus fuerzas y con toda tu mente», y «Ama a tu prójimo como a ti mismo».

–Bien contestado –le dijo Jesús–. Haz eso y vivirás.

Pero él quería justificarse; así que preguntó a Jesús:

–¿Y quién es mi prójimo?

Jesús respondió:

«Bajaba un hombre de Lagos a Nador, y cayó en manos de unos ladrones y de las mafias. Embarcó en una patera con otras personas para llegar a Motril, y a mitad del camino la barca se hundió, y quedaron medio muertos a la deriva. Como sabía nadar un poco, intentó mantenerse a flote y ayudar a sus compañeros. Agotado, perdió el conocimiento y se despertó tumbado en una playa española. Resulta que paseaba por la playa un sacerdote que, al verlo y comprobar que no profesaba su misma religión, se desvió y pasó de largo. Así también llegó a aquel lugar un agente especialista en refugio, y al verlo, le hizo unas cuantas preguntas:

–¿De dónde eres?

El joven respondió:

–De Nigeria.

–Vaya, un inmigrante irregular. Esto pinta mal.

–Necesito ayuda. Mi familia sufre mucha necesidad, mi madre está muy enferma y precisa una operación, y no tenemos medios para que mis hermanos puedan ir a la escuela. Además, hay muchos problemas de violencia en la zona y deseo que mis hermanos puedan salir de allí.

–Lo siento mucho, pero ahora, si no eres sirio o de Afganistán, no vas a recibir protección internacional, ni el estatuto de refugiado.

–Pero si usted supiera todo lo que he pasado para llegar aquí, si viera cómo vive mi familia...

–Ya lo siento.

Al final, después de disculparse, se desvió y pasó de largo.

También pasaron por aquel lugar un grupo de empresarios y, viendo que estaba malherido y que no podían sacar de él ningún provecho, se desviaron y siguieron su paseo. Era una playa muy concurrida. Por allí se aproximó también una mujer que estaba de vacaciones tomando el sol y se acercaba al mar a refrescarse y, viendo que era un hombre negro y vestía con harapos, temió por su vida y pensó, para justificarse, que había que ayudar primero a sus compatriotas –aunque luego no moviera ni un dedo–, se desvió y pasó de largo. Pero una joven que estaba buscando estrellas de mar y conchas con sus hijos en unas rocas cercanas, llegó a donde estaba el hombre y, viéndolo, se compadeció de él. Se acercó, lo cubrió con su toalla, pues estaba temblando de frío, y curó sus heridas. Mientras tanto, mandó a uno de sus hijos a buscar a su esposo, lo llevaron a su casa y lo cuidaron hasta que recuperó fuerzas. Al día siguiente pidieron ayuda a las autoridades y a un centro de apoyo a migrantes. "Por favor, cuidad de él –les dijo– y lo que necesite; estamos dispuestos a echar una mano en lo que sea". ¿Cuál de estos cinco piensas que demostró ser el prójimo de este hombre?».

–La joven y su familia que se compadecieron de él –contestó el experto en la ley.

– Anda entonces y haz tú lo mismo –concluyó Jesús.

Un motor de transformación social

En esta lectura actualizada de la parábola del buen samaritano vemos dos realidades –la fragilidad de los migrantes vulnerables y el acto del buen samaritano–. Se observa cómo los personajes que se encuentran con el migrante plantean cuestiones que hoy afrontan muchas personas en su vida cotidiana. Cada escenario nos invita a reflexionar sobre nuestra capacidad para ser cauce del amor de Dios. En este sentido, reconocer nuestra propia fragilidad nos permite abrirnos al sufrimiento ajeno y nos impulsa a la acción, a dar gratis lo que gratis hemos recibido. La vulnerabilidad no es solo un estado pasivo; puede ser un motor para el cambio y la transformación social, tanto en nuestras vidas como en las de quienes nos rodean.

La búsqueda del consuelo y la felicidad está intrínsecamente ligada a nuestra disposición para abrazar la fragilidad, tanto la nuestra como la de los demás. Al igual que el buen samaritano, cada uno de nosotros tiene la oportunidad de ser un agente de cambio en la vida de aquellos que sufren. Al hacerlo, no solo ayudamos a sanar las heridas ajenas, sino también a revisar las propias, para reelaborar un nuevo capítulo de historia colectiva donde todos tenemos un lugar.

La fragilidad nos abre un tiempo de gracia, un espacio propicio para el crecimiento personal y la conexión con los demás. Por una parte, cuando reconocemos nuestra fragilidad, nos liberamos de la presión de tener que ser perfectos o invulnerables. Este reconocimiento nos permite ser auténticos y sinceros con nosotros mismos y con quienes nos rodean.

En segundo lugar, la fragilidad también nos invita a abrirnos a los demás. Al compartir nuestras luchas y vulnerabilidades, establecemos conexiones más profundas y significativas. En este sentido, la fragilidad actúa como un puente que nos une en nuestra humanidad compartida.

Asimismo, en momentos de fragilidad, somos más receptivos a las experiencias de gracia que la vida nos ofrece. La gracia puede manifestarse en actos simples, en momentos de reflexión o en las sorpresas que nos recuerdan la belleza del presente. Cuando estamos dispuestos a ver más allá de nuestras limitaciones, podemos apreciar las pequeñas cosas que traen alegría a nuestras vidas: una sonrisa, un gesto amable o un atardecer hermoso.

Finalmente, aceptar nuestra fragilidad nos invita a vivir con mayor plenitud y autenticidad. Nos anima a perseguir nuestros sueños, a dejarnos guiar por lo realmente importante y a dejar atrás los estereotipos y las expectativas sociales que a menudo nos empujan hacia caminos que no resuenan con nuestro ser interior. Al abrazar nuestra vulnerabilidad, encontramos el coraje para seguir nuestros sueños y vivir según nuestros valores.

Cuestiones para la reflexión

En un mundo que a menudo valora la fortaleza y la autosuficiencia, reconocer nuestra propia fragilidad y la de los demás puede abrir nuevas puertas hacia una hospitalidad más profunda y significativa. Esta reflexión nos invita a explorar cómo la vulnerabilidad compartida puede transformar nuestras relaciones, comunidades y actitudes hacia quienes buscan acogida.

1. ¿De qué manera puede convertirse nuestra vulnerabilidad personal en una fortaleza para conectar auténticamente con los demás, especialmente con quienes están en situaciones de fragilidad, como las personas migrantes?
2. Reflexiona sobre una experiencia donde tu propia fragilidad o la de otra persona haya permitido un encuentro transformador. ¿Qué aprendiste de esa situación y cómo ha influido en tu concepto de la hospitalidad?
3. Considerando la parábola del buen samaritano, ¿cómo podemos aplicar sus enseñanzas en nuestro contexto actual para crear espacios de acogida que valoren la vulnerabilidad compartida por encima de las apariencias de fortaleza?
4. ¿De qué manera puede ayudarnos el reconocimiento de nuestra fragilidad común a superar los miedos y prejuicios hacia las personas inmigrantes, fomentando una cultura de hospitalidad en nuestras comunidades locales?
5. ¿Cómo podemos reconciliar la idea de la fragilidad como fuente de conexión y crecimiento con las expectativas sociales de éxito y poder, especialmente en el contexto de políticas de inmigración y relatos públicos sobre la diversidad?

Estas preguntas nos invitan a reflexionar profundamente sobre cómo nuestra vulnerabilidad compartida puede ser el fundamento de una sociedad más acogedora y compasiva. Al reconocer nuestra propia fragilidad, podemos abrir nuestros corazones y comunidades a una hospitalidad más auténtica y transformadora, no solo beneficiando a quienes llegan, sino también enriqueciendo la vida de toda la sociedad.

4

La magia del encuentro

En la escena conocida como «El encinar de Mambré» acontece la magia del encuentro.

Este apartado pretende identificar aquellos elementos que se encuentran en el relato bíblico conocido como «la teofanía[1] de Mambré» (Gn 18,1-16) y que llevan a pensar una vez más cómo en un acto de hospitalidad, sin saberlo, se acoge a Dios mismo. El lector descubrirá en las siguientes líneas que el acontecimiento narrado en el capítulo 18 del Libro del Génesis consagra a Abrahán como icono de la hospitalidad en el Antiguo Testamento, y dicho capítulo se constituye en texto ejemplar que presenta en la hospitalidad un mandato que es al mismo tiempo expresión de la Alianza entre Yahvé y el pueblo de Israel.

Dice el autor sagrado: «Entonces, Abrahán levantó los ojos y he aquí que había tres individuos parados a su vera» (Gn 18,2). La llegada sorpresiva de aquellos tres

---

1 *Teofanía*, del griego antiguo *theopháneia*, término compuesto por *theós*, «dios», y *phaínō*, «manifestación», «aparición». Significa la manifestación de la divinidad a los seres humanos, es decir, la revelación de Dios.

personajes ya sitúa al creyente en la senda de la sorpresa, es decir, la visita que no se espera pero que termina siendo revelación de Dios. Abrahán abre las puertas de casa y acoge a la visita inesperada en la *«hora más calurosa del día»* (Gn 18,1). Este gesto de hospitalidad permanecerá en la memoria del pueblo de Israel y se extenderá a lo largo del tiempo, tanto así que el mismo Pablo en el Nuevo Testamento se referirá a ese relato recordando a las comunidades: «Y no os olvidéis de mostrar hospitalidad, porque por ella algunos, sin saberlo, hospedaron ángeles» (Heb 13,2).

La hospitalidad se nos presenta como la posibilidad del milagro, de la bendición, de guardar en la memoria nuestra herencia migrante abriéndonos a la magia del encuentro.

Mambré: la magia del encuentro

> «Se le apareció Yahvé en la encina
> de Mambré estando él sentado a la puerta
> de su tienda en lo más caluroso del día»
>
> (Gn 18,1).

El relato de la teofanía en el encinar de Mambré (Gn 18,1-15) se ha consolidado como el paradigma de la hospitalidad en el Antiguo Testamento. En este marco, Abrahán –reconocido también como «el arameo errante» (Dt 26,5)– se erige como figura emblemática de la acogida: en él se encarnan los rasgos fundamentales que darán forma al primer credo judío, arraigado en la memoria de la esclavitud en Egipto.

Los estudiosos de los textos sagrados identifican en el llamado Ciclo de Abrahán (Gn 18 y Gn 19)[2] cómo los relatos bíblicos intentan explicar «la construcción de la identidad social de Israel» a partir de una serie de elementos que hacen las veces de conexión de la identidad social del pueblo de Israel con la práctica cotidiana de la hospitalidad. Ya se ha dicho en otros capítulos de este libro que el ejercicio de la hospitalidad era una virtud bastante extendida en el mundo antiguo, y particularmente en el mundo bíblico era una práctica prioritaria que, entre otras cosas, recordaba a Israel su pasado migrante.

La hospitalidad, en el llamado ciclo de Abrahán, permite al lector entender que aquellas gentes veían en el rostro del otro (extranjero/extraño) a alguien absolutamente legítimo con quien era posible construir sociedad y comunidad. Hacia el otro se manifestaba respeto, y con él se coexistía en clave de encuentro y reconocimiento de la diferencia. Es importante recordar que en el mundo antiguo no mostrar hospitalidad se consideraba un quiebre comunitario de gran calado, sobre todo porque se entendía como un quiebre de la Alianza, es decir, romper la relación con el mismo Yahvé. Así entonces, como señalan diversos estudiosos, el relato de la hospitalidad que late en los capítulos 18 y 19 del Libro del Génesis evidencia cómo la hospitalidad es un elemento interno a la dinámica de la Alianza, indicando que no practicarla es faltar a la Alianza misma. Por otro lado, mostrar una actitud de exclusión o rechazo del otro (extranjero/extraño) que llega supone optar por un sentimiento nacionalista cerrado que evita relacionarse con otros grupos humanos y atenta

[2] En lo que concierne a los relatos de la hospitalidad.

contra el proyecto de Yahvé, basta recordar el mensaje que entraña el relato de la torre de Babel (universalidad y diversidad), del que tratamos ya en otro capítulo.

En lo que concierne al relato de la teofanía en la encina de Mambré, todo tiene un significado: el narrador ha sabido tejer cada detalle para que al lector no le quede la menor duda de la intención de lo que narra. Abrahán muestra una magnífica hospitalidad, se postra ante los visitantes, les ofrece agua para que se laven los pies, hospedaje para que descansen, comida para saciar el hambre (pan, un becerro, cuajada y leche), todo ello sin saber nada sobre el carácter divino de los forasteros (eran ángeles).

Abrahán sabía muy bien qué significaba ser extranjero, y lo sabía porque él mismo había salido de su tierra y había recorrido largos caminos; tenía en común con los visitantes la experiencia de la itinerancia, de la extranjeridad, había guardado en la memoria las dificultades y la dureza del camino. El Libro del Génesis se encargará de identificar a Abrahán como un migrante, y lo hace en el contexto de la muerte de Sara, la mujer de Abrahán: «Yo soy un simple forastero que reside entre vosotros. Dadme una propiedad sepulcral en vuestro territorio, para poder sepultar a mi difunta cerca de mí» (Gn 23,4). Así entonces, entre Abrahán y los forasteros visitantes existe una conexión, una memoria compartida sobre lo que implica salir de la tierra propia y habitar otra desconocida.

A medida que avanza el relato del encinar de Mambré, se va descubriendo la verdadera identidad de los forasteros, que según el relato de la tradición yahvista (J) son Yahvé y dos ángeles que lo acompañan. Los tres personajes aceptan la invitación a quedarse y la hospitalidad ofrecida por Abrahán, permitiendo así la magia y gratuidad del encuentro.

Se descubre así que la práctica de la hospitalidad tiene internamente una dinámica que le es propia. Nos referimos a que generalmente en los relatos de hospitalidad vemos un esquema más o menos común: se sale al encuentro del forastero «visitante» que llega; el anfitrión invita a pasar a la casa y ofrece comida; esto indica que se da paso al festejo para celebrar la gratuidad del encuentro. En este sentido, existe un consenso en torno a su estudio, cuando hablamos de hospitalidad, no solo nos referimos al ofrecimiento de lo material (techo, comida, cobijo), sino que en la práctica de la hospitalidad acontece algo más, algo más valioso, más profundo, que toca el corazón, que mueve las entrañas. La hospitalidad nos conecta con nuestra humanidad, esa humanidad compartida con el otro (extranjero/extraño); la hospitalidad nos desafía porque nos invita al respeto, a la escucha, nos obliga a situarnos de otra manera ante el extranjero, no con la superioridad sino reconociendo nuestras limitaciones, de nuestra vulnerabilidad. Entender así la hospitalidad nos abre un horizonte muy amplio para vivir nuestro camino espiritual, nos conecta con nuestra humanidad, nos conecta con nuestro Creador.

Afirmamos que la práctica de la hospitalidad es una práctica liberadora en sí misma, gesta la magia del encuentro en igualdad, inclusión y respeto a la alteridad.

Siguiendo con el relato, el escritor de la tradición yahvista nos evidencia que el encuentro con los forasteros traerá gran alegría para Abrahán y Sara, y en adelante para el pueblo. Se pone de manifiesto la grandeza de Yahvé, ante la incredulidad de los personajes (la risa de Sara ante el anuncio de su embarazo): «¿Hay algo difícil para Yahvé?» (Gn 18,14). Sobre ellos ya se había pronunciado una promesa y una bendición. La actuación y la decisión de Abrahán ante los forasteros, «postrarse a sus pies», traerán la bendición de Yahvé.

En este relato ejemplar se identifican dos movimientos muy importantes. Por un lado, vemos una dimensión que pertenece al mundo ético. Esto significa que se vuelve a relacionar la Alianza con el compromiso que tiene el pueblo de Israel con aquellos que se encuentran en dificultad. Y, por otro lado, vemos una dimensión que es teológica. Esto significa que el autor sagrado establece una vinculación entre Dios y el forastero, reconociendo a Dios como aquel que trae una bendición para quien le ofrece hospitalidad. El pueblo de Israel sabe que su identidad pasa por el reconocimiento de sus propias extranjería e itinerancia, y al mismo tiempo sabe que su identidad como pueblo se configura en la práctica de la hospitalidad.

El relato de la encina de Mambré envía un mensaje muy claro a la comunidad destinataria, el pueblo de Israel. Ese mensaje indica que hay que tomar partido ante quienes se encuentran en una situación de desprotección, de desarraigo –en este caso, los forasteros (a los que hoy llamamos migrantes)– y ello debe hacerse en una clave concreta, la práctica de la hospitalidad, que es para el pueblo una forma clara de vivir y de actuar ante la alteridad (los otros), reconociendo que son posibles la coexistencia y la convivencia. El pueblo no puede desoír lo que implica la Alianza con Yahvé, que pasa de manera obligada por el reconocimiento del encuentro y de la acogida.

La hospitalidad se nos presenta entonces en Mambré concretamente, como un espacio propicio para el encuentro, un encuentro que es fecundo, que rompe los esquemas y nuestra propia cerrazón. En la hospitalidad se guarda y se bendice la vida, la de los visitantes inesperados y la de los anfitriones que acogen. La teofanía del encinar de Mambré nos abre a la posibilidad de repensar y repensarnos como sociedad a través de la práctica de la hospitalidad y del reconocimiento de una sana convivencia. Al mismo tiempo, nos invita a reflexionar en torno a la teofanía, el dónde y el cómo se revela Dios. Para el Libro del Génesis es muy claro: Yahvé se revela en el forastero. De ahí que lo central de la Alianza sea la hospitalidad para con todos los hermanos y hermanas, sin importar de dónde vienen o qué lengua hablan.

La hospitalidad nos impulsa a educar la mirada para descubrir que el otro (el extranjero-forastero) no es un peligro, sino que es un ser humano como tú y como yo.

La Iglesia «en salida» es la Iglesia que va al encuentro

> «La Iglesia en salida
> es la comunidad de discípulos misioneros,
> que primerean, que se involucran, que acompañan,
> que fructifican y festejan.[...]
> La Iglesia "en salida"
> es una Iglesia con las puertas abiertas».
>
> (EG 24.46).

La expresión *cultura del encuentro* forma parte de la arquitectura del pensamiento teológico-pastoral del papa Francisco. De ahí el considerar que, bajo dicha expresión, pueda entenderse con facilidad cuál es la visión de Iglesia que tiene el Santo Padre. Es importante señalar que en los diferentes escritos del papa (encíclicas, cartas, homilías, etc.) encontramos que, junto a la expresión *cultura del encuentro* aparecen también y en contraposición otras dos expresiones más: *globalización de la indiferencia* y *cultura del descarte*. Así, por ejemplo, en el año 2013, en la celebración de la fiesta de Pentecostés, el papa dijo:

> «Vivimos una cultura del desencuentro, una cultura de la fragmentación, una cultura en la que lo que no me sirve lo tiro, una cultura del descarte [...] Pero nosotros [la Iglesia] debemos ir al encuentro y debemos crear con nuestra fe una cultura del encuentro, de la amistad, una cultura donde hallamos hermanos, donde podemos hablar también con quienes no piensan como nosotros, también con quienes tienen otra fe, que no tienen la misma fe. Todos tienen algo en común con nosotros: son imagen de Dios, son hijos de Dios. Ir al encuentro con todos, sin negociar nuestra pertenencia»[3].

En el contexto de la movilidad humana, es decir, de las migraciones, reconocemos que la expresión *cultura del descarte* desempeña un papel fundamental. Esto es así porque cuando nos referimos a las personas que migran forzosamente y a las personas refugiadas vemos en ellas la manifestación más clara de una cultura del descarte. Cuando el 13 de marzo de 2013, tras la renuncia de Benedicto XVI, Jorge Mario Bergoglio fue elegido papa con el nombre de Francisco, comenzó, desde nuestro punto de

---

[3] Vigilia de Pentecostés con los movimientos eclesiales, 18 de mayo de 2013. Disponible en https://tinyurl.com/bdsduzt6 (consultado el 18-7-2025).

vista, un pontificado cargado de signos proféticos. Así, el 8 de julio de ese mismo año, el nuevo papa elige la isla italiana de Lampedusa como destino para el primer viaje de su pontificado. Un viaje sin duda alguna profético sobre el que el mismo papa dijo: «El primer viaje fue a Lampedusa, un viaje italiano. No estaba previsto, no hubo invitaciones oficiales. Sentí que tenía que ir». Por aquellos tiempos, en el año 2013, el drama y el sufrimiento campaban por la isla tras las innumerables muertes de cientos de migrantes ahogados en el mar, victimas, entre otras cosas, de una cultura del descarte. Sobre este asunto, el papa se pronunció:

> «La cultura del bienestar, que nos lleva a pensar en nosotros mismos, nos hace insensibles al grito de los otros, nos hace vivir en pompas de jabón, que son bonitas, pero no son nada, son la ilusión de lo fútil, de lo provisional, que lleva a la indiferencia hacia los otros, o mejor, lleva a la globalización de la indiferencia. En este mundo de la globalización hemos caído en la globalización de la indiferencia. ¡Nos hemos acostumbrado al sufrimiento del otro, no tiene que ver con nosotros, no nos importa, no nos concierne»[4].

Las imágenes de aquella visita, el altar fabricado con barcas de migrantes, la corona de flores lanzada desde una embarcación al mar, el encuentro entre el papa y las personas que habían sobrevivido a la tragedia fundido en un abrazo, y el grito del papa «Vergogna» (vergüenza) aún siguen en nuestra memoria para seguir recordándonos la tan necesaria misión de caminar hacia una cultura del encuentro con nuestros hermanos y hermanas migrantes, con todos; y más

---

[4] Homilía en la visita a Lampedusa, 8 de julio de 2013.

aún, sigue recordándonos que no podemos seguir impávidos ante el dolor y el descarte que viven los otros. El impacto de aquella situación en Lampedusa perdura en el papa y se ha visto reflejado en diferentes escritos y reflexiones; por eso en 2018 él mismo nos recordó nuevamente:

> «Durante mis primeros años de pontificado he manifestado en repetidas ocasiones cuánto me preocupa la triste situación de tantos emigrantes y refugiados que huyen de las guerras, de las persecuciones, de los desastres naturales y de la pobreza se trata indudablemente de un signo de los tiempos que, desde mi visita a Lampedusa el 8 de julio de 2013, he intentado leer invocando la luz del Espíritu Santo»[5].

En adelante, el pontificado de Francisco nos sigue dejando innumerables referencias a esta dramática situación y él no se cansa de insistir a toda la Iglesia en que en el rostro de cada hermano y hermana migrantes y refugiados encontramos el rostro de Dios, el Dios que se hizo compañero de camino en la peregrinación del pueblo de Israel, el Dios que reposó en aquel encinar junto a los dos ángeles y disfrutó de la hospitalidad de Abrahán, llamado el *«arameo errante»;* el Dios que en su Hijo Jesús se hace un migrante más: «Cada forastero que llama a nuestra puerta es una ocasión de encuentro con Jesucristo, que se identifica con el extranjero acogido o rechazado en cualquier época de la historia»[6].

---

[5] Mensaje para la 104.ª Jornada Mundial del Migrante y del Refugiado, 14 de enero de 2018.

[6] Francisco, discurso para el encuentro con el Comité de Coordinación del CELAM, Rio de Janeiro, 28 de julio de 2013.

La cultura del encuentro que se ve en el magisterio de Francisco viene a ser la antítesis de la cultura del descarte, igual que la cultura de la vida es la antítesis de la cultura de la muerte, denunciada en muchas ocasiones por san Juan Pablo II y Benedicto XVI. Si se piensa detenidamente, la cultura del encuentro es también la cultura de la vida, una cultura que en los tiempos que corren y en el marco del fenómeno de las migraciones es no solo necesaria, sino urgente.

El desafío de las migraciones se nos presenta hoy como una gran oportunidad para poner en práctica la cultura del encuentro, para reprogramarnos viviendo con hospitalidad y sintiendo junto al otro, ese otro que es mi hermano y hermana. El papa Francisco lo tiene muy claro; por eso no se cansa de decirlo ni de recordarlo en sus escritos. El siguiente fragmento lo leemos en la encíclica *Fratelli tutti*:

> «Nunca se dirá que no son humanos, pero, en la práctica, con las decisiones y el modo de tratarlos, se expresa que se los considera menos valiosos, menos importantes, menos humanos. Es inaceptable que los cristianos compartan esta mentalidad y estas actitudes, haciendo prevalecer, a veces, ciertas preferencias políticas por encima de hondas convicciones de la propia fe» (FT 39).

La Iglesia en salida, como lo ha señalado tantas veces Francisco, es la Iglesia que va al encuentro de los otros, es la Iglesia de las puertas abiertas: así lo indica en la exhortación apostólica *Evangelii gaudium*: *«La Iglesia en salida es una Iglesia con las puertas abiertas»* (EG 46). En esta misma línea, no podemos olvidar que la V Conferencia General del Episcopado Latinoamericano celebrada en Aparecida indicaba en el documento conclusivo dos categorías pastorales que nacen de la misma originalidad del evangelio y que tienen relación con el pensamiento del papa Francisco: nos referimos a las categorías de «cercanía» y «encuentro». Según Francisco, estas dos categorías no se entienden separadas; por el contrario, ellas conforman la manera como se reveló Dios en la historia. El Dios cercano a su pueblo, cercanía que encuentra su máximo esplendor en la encarnación del Verbo, el Hijo de Dios. La cercanía lo es porque Dios sale al encuentro de su pueblo. Dos categorías pastorales recogidas en Aparecida y retomadas por Francisco para indicar la vocación de la Iglesia en salida y siempre al encuentro con los demás.

El fenómeno de las migraciones nos recuerda con crudeza que asistimos a una cultura del descarte bastante extendida. Por eso es obligatorio para el creyente recordar las coordenadas que ofrecen los textos sagrados y más enfáticamente el Evangelio: la dignidad de la persona. En ese sentido, el papa Francisco señala:

> «El fundamento de la dignidad de la persona no está en los criterios de eficiencia, de productividad, de clase social, de pertenencia a una etnia o grupo religioso, sino en el ser creados a imagen y semejanza de Dios, y, más aún, en el ser hijos de Dios: cada ser humano es hijo de Dios. En él está impresa la imagen de Cristo. Se trata, entonces, de que nosotros seamos los primeros en verlo y así podamos ayudar a los otros a ver en el emigrante y en el refugiado no solo un problema que debe ser afrontado, sino un hermano y una hermana que deben ser acogidos, respetados y amados, una ocasión que la

Providencia nos ofrece para contribuir a la construcción de una sociedad más justa, una democracia más plena, un país más solidario, un mundo más fraterno y una comunidad cristiana más abierta, de acuerdo con el Evangelio»[7].

La Iglesia, a imagen de la teofanía en la encina de Mambré, también debe abrir las puertas, dar cobijo, generar encuentro. La vida de nuestros hermanos y hermanas migrantes y refugiados está en juego y clama por hallar en el corazón de la comunidad eclesial un espacio donde poder ser y convivir. Recordamos nuevamente las palabras del Santo Padre:

> «Se necesita por parte de todos un cambio de actitud hacia los inmigrantes y los refugiados, el paso de una actitud defensiva y recelosa, de desinterés o de marginación –que, al final, corresponde a la "cultura del rechazo"– a una actitud que ponga como fundamento la "cultura del encuentro", la única capaz de construir un mundo más justo y fraterno, un mundo mejor»[8].

Bajo el sol de Mambré

El mediodía muerde la tierra reseca,
polvo de caminos en los pies del patriarca.
Tres sombras en el encinar reverberan:
voces de lo divino que poco a poco se acercan.

---

7 Francisco, mensaje para la 100.ª Jornada Mundial del Emigrante y del Refugiado, 2014.

8 *Ibid.*

Abrahán despliega mantel de nómada,
agua para el barro de huellas migrantes.
Pan de harina nueva, ternero que aguarda,
leche de promesa en cántaro errante.
El Señor partió la hogaza del tiempo,
grietas de futuro en la arcilla vieja.
Isaac germinó en vientre y en viento:
fruto de hospitalidad que el cielo cosecha.
Hoy la Iglesia navega con velas rotas,
barca de Pedro en mar de indiferencia.
Francisco clama en Lampedusa:
«¡Vergüenza!», al viento surca las conciencias.
Puertas abisagradas con óxido de miedo
se abren a peregrinos de piel ajena.
La mesa no es altar de privilegiados,
sino trigal donde el encuentro fermenta.
Cultura del descarte –huesos olvidados–
se transfigura en danza de luna llena.
Somos hijos del arameo vagabundo...
Dios acecha en el umbral del encuentro santo.

La tienda de Abrahán no fue morada,
sino vientre que parió caminos.
Iglesia en salida, descalza, arremangada,
teje redes con hilos divinos.
La Iglesia no es faro estático en risco,
sino antorcha que quema las manos.
En salida, en vilo, en riesgo, en abrazo
quedan preguntas bajo el encinar:
¿Seremos anfitriones de lo eterno?
La tierra prometida está en el andar,
en dar la bienvenida al Dios inesperado.

Cuestiones para la reflexión

La hospitalidad abre la vida a la magia del encuentro con los demás. Este capítulo ha querido mostrar de qué manera el encuentro refleja el espíritu de acogida y vinculación que se teje cuando abrimos el corazón para recibir a los forasteros, a los que vienen de lejos, incluso de cerca. La clave del encuentro nos permite entender que la hospitalidad va más allá de los espacios físicos, se trata de una vinculación de tú a tú, toca nuestra propia humanidad.

Las siguientes preguntas nos invitan a reflexionar más a fondo sobre la relación entre la hospitalidad y la magia del encuentro.

1. ¿Qué me dice de manera personal el relato de la teofanía en la encina de Mambré?
2. ¿Qué potencia puede tener el mensaje de que Dios se hace forastero/extranjero/migrante?
3. ¿Qué significa para mí, como creyente, salir al encuentro?
4. ¿De qué manera se expresa la cultura del descarte con las personas migrantes y refugiadas?
5. ¿Cómo puedo generar en mi comunidad, parroquia, trabajo, colegio, espacios para vivir una cultura del encuentro?

Siguen resonando las palabras del papa Francisco:

«No se trata solo de migrantes: también se trata de nuestros miedos; no se trata solo de migrantes: se trata de la caridad; no se trata solo de migrantes: se trata de la humanidad; no se trata solo de migrantes: se trata de no excluir a nadie; no se trata solo de migrantes: se trata de poner a los últimos en primer lugar; no se trata solo de migrantes: se trata de la persona en su totalidad, de todas las personas; no se trata solo de migrantes: se trata de construir la ciudad de Dios y del hombre»[9].

[9] Adaptado de FRANCISCO, mensaje para la 105.ª Jornada Mundial del Migrante y del Refugiado, 29 de septiembre de 2019.

5

La hospitalidad en un mundo diverso

Este apartado abrirá una puerta más para pensar la hospitalidad en clave de diversidad. Desde ahora invitamos al lector y la lectora a disponer el corazón y la razón para adentrarse en un mundo de posibilidades que los llevarán a replantear, repensar, redibujar, recrear, en definitiva, los llevarán a abrir nuevos caminos y horizontes que impulsen a soñar y construir puentes de comunicación y convivencia con reconocimiento de lo que somos, que es la suma del yo y los otros. Somos seres en relación.

A lo largo de estas líneas, volveremos de manera obligada sobre la «extranjeridad/extrañeza»; esto es así porque el tejido conceptual de la extranjeridad permitirá comprendernos y comprender las bondades y también dificultades que trae consigo la vivencia de la diversidad y de la hospitalidad. Será nuevamente la «extrañeza» la que nos enfrente a nuestros miedos, especialmente el miedo a los «otros», a lo «diferente»; y, sin embargo, será la «extrañeza» la que nos revele la posibilidad, siempre presente, de la hospitalidad; la capacidad de «vivir juntos», el espacio adecuado para comprender que la fragilidad y la vulnerabilidad compartidas son la clave para sabernos y sentirnos humanos.

Los tiempos que corren nos plantean desafíos. Algunos serán desafíos personales, sociales, políticos, pero también desafíos espirituales. Esos desafíos podrán ser asumidos con responsabilidad reconociendo que el otro tiene (sean cuales sean el color de su piel, el dios al que rece o las opciones de vida que tenga) una dignidad inviolable; que en el otro habita una fuente infinita que impulsa a la vida, una vida que tiene sentido cuando es compartida con otros.

Hospitalidad y diversidad se presentan como reto espiritual, personal, social y político. ¿Nos atreveremos a asumirlos?

La Trinidad como clave para pensar la diversidad

> «Creó, pues, Dios al ser humano,
> a imagen suya lo creó»
>
> (Gn 1,27).

La creación del ser humano a imagen de Dios tiene un gran valor antropológico, pero al mismo tiempo ha generado interesantes y diversas reflexiones teológicas. Antes de adentrarnos en la reflexión, es importante recordar que los cinco primeros libros de la Biblia (Génesis, Éxodo, Números, Levítico y Deuteronomio) son considerados dentro de la tradición judía como una unidad llamada *Torá*. En la tradición cristiana, a estos primeros cinco libros los conocemos como *Pentateuco*, palabra griega que significa «cinco rollos o libros». Estos libros se escribieron atendiendo a diferentes tradiciones redaccionales, que hoy conocemos como tradiciones teológicas; esas tradiciones son la tradición yahvista (J), la tradición sacerdotal (P), la tradición elohísta (E) y la tradición deuteronomista (D). No podemos en este breve apartado explicar al detalle cada una de estas tradiciones, pero es importante que el lector sepa que los cinco primeros libros de la Biblia están compuestos de esta manera y que sus intenciones teológicas son diversas. Esta aclaración ayudará a comprender mejor lo que intentamos indicar en las siguientes líneas.

Ahora bien, volviendo al asunto inicial, «el hombre ha sido creado a imagen y semejanza de Dios», debemos decir que, en el Libro del Génesis, encontramos dos relatos creacionales diferentes. El primero se nos cuenta en el capítulo 1 y el otro se nos cuenta en el capítulo 2. Cada uno de estos relatos pertenece a una tradición distinta; así, el capítulo 1 es el relato creacional sacerdotal (P) y el capítulo 2 es el relato creacional yahvista (J). Nos interesa recordar que existen en ambos relatos una serie de elementos comunes que merecen nuestra atención.

Lo primero es la certeza de que el ser humano es criatura de Dios y depende de su creador. Esta afirmación antropológica en la Biblia abarca a todos los seres humanos. El segundo elemento deriva del primero; la relación de dependencia se resuelve a partir del fundamento de superioridad humana por encima del resto de la creación. Sin embargo, esa superioridad no debe confundirse con supremacía o con cierto permiso para abusar de manera arbitraria de lo creado: el ser humano es responsable de *gestionar* lo que el Creador ha puesto en sus manos. El tercer elemento tiene que ver con la capacidad que le ha sido dada al ser humano para relacionarse con otros;

es decir, no le basta al ser humano una relación consigo mismo, sino que debe tenerla con un tú. Por eso el relato bíblico confirma que se llega a ser uno mismo en la relación/fusión con el otro. El cuarto elemento tiene que ver con la propuesta bíblica de entender al ser humano como una realidad unitaria. Se trata, pues, de una antropología que entiende a hombres y mujeres con una mirada que integra sus dimensiones en la unidad de su ser. El quinto elemento informa sobre una cuestión muy evidente: no es intención de ninguno de los relatos creacionales ofrecer aspectos científicos sobre el origen de la humanidad; lo que prevalece es un interés teológico que busca una lectura más bien doctrinal que científica.

En definitiva, el Antiguo Testamento, a través de sus relatos creacionales, ofrece un dato antropológico muy claro: el hombre es criatura de Dios. Así, entonces, para que el ser humano pueda comprenderse a sí mismo, debe volver la mirada a su Creador, al arquetipo (fuente primera) del cual él mismo es imagen. Podemos afirmar, como lo hacen diferentes estudiosos, que esa fuente primera es el Dios Trinidad (Padre, Hijo, Espíritu). Por eso los hombres y mujeres, para poder llegar a comprenderse a sí mismos, deben contemplar el misterio de la vida trinitaria (unidad, comunión y diversidad).

Si los creyentes asumimos que el Dios en el que creemos es trinidad, entonces significa que asumimos que Dios es comunión y relación. La persona humana, que ha sido creada a imagen y semejanza de Dios Trinidad, es también reflejo de la Trinidad. Esta afirmación indica que los seres humanos, que tú y que yo, nos definimos también por la relación y la comunión. Estamos llamados a vivir junto a otros.

La tradición y la doctrina de la Iglesia han reflexionado ampliamente sobre este asunto: es el caso de san Agustín, santo Tomás, teólogos como Rahner, von Balthasar y Boff, pero también teólogas como Andrade, Estévez, entre otras, o algunos concilios, como es el caso del Concilio Vaticano II, que afirma en *Lumen gentium* que la eclesiología debe ser entendida en clave de comunión, una comunión a imagen del Creador, y fundada en el mismo Cristo. No nos adentraremos en todas estas reflexiones teológicas, pero sí diremos que el común denominador apunta a la afirmación de la dimensión relacional de la Trinidad, que es unidad y comunión trinitaria, y esta unidad y comunión emanan del amor del Padre, del Hijo y del Espíritu Santo.

Siguiendo la estela conciliar, afirmará el documento de Puebla de la III Conferencia General del Episcopado Latinoamericano que «Cristo nos revela que la vida divina es comunión trinitaria. Padre, Hijo y Espíritu viven, en perfecta intercomunión de amor, el misterio supremo de la unidad. De allí procede todo amor y toda comunión, para grandeza y dignidad de la existencia humana» (Puebla 212). La comunión implica estar en y con el otro, implica apertura, diálogo, relación, pero, además de estas, la comunión (comunidad) implica la acogida del otro y la integración de ese otro en la comunidad. La comunión así entendida invita, entonces, a la convivencia, a tender puentes hacia los otros, a convivir con las diferencias, respetándolas e integrándolas. Los creados a imagen y semejanza de Dios asumen su vocación primera, que no es otra que la de ser llamados a vivir a imagen de su Creador, abiertos a la comunidad trinitaria, que nos lanza a vivir comunitariamente.

Que el Dios en el que creemos sea relación no es un asunto que debamos pasar por alto. El proyecto que Dios ha pensado para la humanidad centra su atención en la relación entre las creaturas. El modelo trinitario se hace visible y palpable en la comunión en la diversidad por amor. Ya lo dice el cuarto Evangelio: «Yo les he dado a ellos la gloria que tú me diste a mí, de tal manera que puedan ser uno, como lo somos nosotros. Yo en ellos, y tú en mí, para que lleguen a la unión perfecta, y el mundo pueda reconocer así que tú me has enviado y que los amas a ellos como me amas a mí» (Jn 17,22-23). Estamos llamados a vivir en relación con los demás, abrazando nuestras diferencias, celebrando la riqueza de la diversidad, fomentando espacios de encuentro y convirtiéndonos en instrumentos del sueño de Dios para la humanidad.

El teólogo brasileño Leonardo Boff nos recuerda que «La Santísima Trinidad es, pues, un misterio de inclusión. Esta inclusión impide que entendamos una Persona sin las otras. El Padre debe ser siempre comprendido junto con el Hijo y el Espíritu Santo, y así sucesivamente». Dicho de otra manera, si asumimos que la Trinidad es amor inclusivo/unión en la diversidad, sería interesante trasladar esta reflexión al ámbito de la movilidad humana y con mayor razón al ámbito de la hospitalidad, poniendo en duda aquellos modelos sociales y políticos que incitan a nacionalismos cerrados, como denuncia el papa Francisco en la encíclica *Fratelli tutti*, sobre el rechazo de las personas migrantes y refugiadas fruto de modelos de sociedades individualistas y cerradas. Estos modelos sociales y políticos son contrarios a la cultura del encuentro.

El ser humano, creado a imagen y semejanza de Dios, se sabe llamado a vivir la comunión en la diversidad, la apertura, la acogida, y a gozarse en las relaciones humanas que dignifican y que tejen encuentro.

Pentecostés: comunión en la diversidad

«Al oír el ruido, acudieron en masa y quedaron estupefactos,
porque cada uno los oía hablar en su propia lengua.
Todos atónitos y admirados, decían:
"¿No son galileos todos los que hablan?
¿Cómo es que cada uno de nosotros los oímos
hablar en nuestra lengua materna?"»

(Hch 2,5-6).

Las comunidades judías peregrinan a Jerusalén en el marco de la celebración de tres fiestas: la Pascua, las Tiendas y Pentecostés. La última de estas fiestas, Pentecostés, llamada en su origen fiesta de la cosecha, es en hebrero la fiesta de las Semanas y en griego «la cincuentena», siete semanas después de la Pascua, en la que el pueblo de Israel celebra el don dado en el Sinaí (la Ley) y la Alianza (Ex 19-24).

El relato que construye Lucas sobre Pentecostés contiene una fuerza fundante y transformadora tanto para las primeras comunidades cristianas como para la Iglesia en general. Este relato ha dotado de ímpetu a toda la historia del cristianismo, porque todo comienza en Pentecostés, toda renovación encuentra origen en Pentecostés, el Espíritu derrochado en Pentecostés dota a la Iglesia para vivir en comunión y en unidad, gozándose así en la diversidad y en la fraternidad.

El relato de Pentecostés es uno de los mejores ejemplos que nos ofrece el Nuevo Testamento sobre comunión y diversidad. Será la fuerza del Espíritu la que obrará con toda su fuerza y calor en el corazón de aquellas primeras comunidades, de tal manera que, venidos de todas las naciones de la tierra, cada uno con su propia cultura y hablando su propia lengua, escuchen y entiendan el mensaje de salvación. A lo largo de este apartado, volveremos la vista atrás para recordar el relato de Pentecostés extrayendo de él todas aquellas claves que nos permitan re-descubrir el don de la diversidad que también se hace visible en la hospitalidad, y al mismo tiempo, que nos permitan abrir el corazón para entender que es el Espíritu de Jesús el que con toda su fuerza y calor nos da la posibilidad de vivir juntos, de crear espacios de convivencia, de hospitalidad, donde experimentar que la diferencia no es un problema, sino una gracia, y que la diversidad apunta al proyecto que ha pensado Dios para la humanidad.

No en pocos comentarios e interpretaciones de textos bíblicos suele contraponerse, de manera errónea, el relato de Pentecostés al de Babel, sobre todo en lo que a la confusión de lenguas concierne. Si volvemos a la narración del Génesis sobre lo ocurrido en Babel, que significa Babilonia, recordaremos que fue la unidad lingüística la que permitió que las gentes comenzaran a construir una torre capaz de «tocar el cielo», encumbrándose en todo lo alto, viéndolo todo, dominándolo todo. Y ese proyecto de dominación era contrario al proyecto de Yahvé; de ahí que la recuperación de las diversas lenguas consiguiera destruir el afán de dominio de aquellas gentes, y la dispersión de estas pusiera fin al plan opresor de la ciudad.

En ese sentido, el plan de la diversidad de lenguas nos encamina a un proyecto de liberación que propició la huida de los trabajadores y el final de la construcción de un proyecto de dominación, poder y opresión. La novedad de Pentecostés apunta a la unidad en la comprensión del evangelio anunciado por Jesús, manteniendo la diversidad de lenguas y culturas. En ese sentido, en Pentecostés se pone de relieve que la diversidad de lenguas y culturas encaja con el proyecto de Dios (igual que en el relato de la torre de Babel); por el contrario, buscar la unicidad en esas dos líneas no coincide con el proyecto original de Dios ni es la intención del relato que construye Lucas en el Libro de los Hechos de los Apóstoles. El proyecto que Pentecostés recupera apunta a una humanidad intercultural y plurilingüe.

Así, Pentecostés cobra relevancia cuando hablamos de hospitalidad en nuestras comunidades cristianas. La hospitalidad, si es puerta abierta, es también convivencia, diversidad, interculturalidad, amistad social, fraternidad y sororidad, es espacio comunitario, es siempre Pentecostés. Me viene a la memoria cuando hace un par de años me invitaron a pasar la Nochebuena en una comunidad de los jesuitas en Madrid. Era la primera Navidad que celebraba en España, lejos de mi familia. A la noche, después de compartir la eucaristía, llegamos a la casa y nos sentamos todos alrededor de la mesa para cenar. Aquella era una mesa tan diversa que la escena se me ha quedado guardada en la cabeza y en el corazón: la noche en la que los cristianos celebrábamos el nacimiento de Jesús, coincidimos en un barrio popular madrileño personas venidas de diferentes lugares del mundo, con diferentes tradiciones religiosas y culturales, unidas por un acontecimiento, por el encuentro, por la hospitalidad, por el compartir. Aquella noche, al ritmo de «ande, ande, ande la marimorena» se mezclaron creencias y procedencias. Nosotros, entre risas, guitarras y cantos, habíamos experimentado la gracia de la diversidad, habíamos abierto la puerta de nuestra casa interior. Jesús había nacido.

Ahora bien, esta corta escena de mi vida que acabo de relatar me enciende el corazón, porque fue para mí un signo de convivencia y de diversidad con personas de otros continentes y de otras tradiciones religiosas. Ciertamente, aquello fue un momento, una noche, una cena, y, aunque la experiencia fue fundante para mí, también debo reconocer que cuando hablamos de convivencia es importante indicar que el camino no es fácil; si no lo hiciera sería muy ingenuo e irresponsable por mi parte, no puedo idealizarlo, pero ello no significa que sea imposible. Convivir con el «otro» diferente no es sencillo, pero es posible. La convivencia requiere que ambas partes, que todas las partes, den algo de sí, ofrezcan, dialoguen, se escuchen, abran la puerta, y eso solo es posible cuando juntos ponemos todos los ingredientes necesarios para generar un espacio de confianza en el que sentirnos a gusto, perteneciendo y participando.

Cuando hablamos de convivencia, de diversidad, de hospitalidad, en el fondo estamos haciendo referencia a nuestros propios miedos, al temor que ese «otro» diferente me genera, ese temor que se esconde inteligentemente en las profundidades de nuestra interioridad y en ocasiones puntuales suele salir a través de expresiones, gestos, palabras, incluso silencios. Por eso, no es de extrañar que en el espacio social, cuando hay atisbos, sobre todo, de inestabilidad económica, oigamos cosas como «vete a tu país», «no podemos acogerlos a todos», «yo no soy racista, pero...», «es que no se integran», «es que todos los musulmanes son...», generando así cierto malestar social que nos impide ver la riqueza que los otros nos aportan.

La realidad social que vivimos es una realidad que remite a la diversidad. Este es un hecho contundente: lo vemos en los barrios, en el cole, en nuestras comunidades, en el trabajo... Vivimos en un mundo diverso y ya no hay marcha atrás. De nuestra parte depende cómo vamos a vivir esa diversidad, cómo la vamos a gestionar, descubriendo en ella una oportunidad y no una amenaza o un problema.

El papa Francisco, desde hace varios años, viene recordándonos e insistiendo en la idea de que es posible vivir juntos: «Es el ideal de la nueva Jerusalén, donde todos los pueblos se encuentran unidos, en paz, en concordia... Pero para alcanzar este ideal, debemos esforzarnos todos para derribar los muros que nos separan y construir puentes que favorezcan la cultura del encuentro, conscientes de la íntima interconexión que existe entre nosotros»[1].

Pentecostés se nos presenta hoy como referente claro de diversidad y de hospitalidad, de apertura, del gozo de la diferencia, de la riqueza que me trae el otro. El proyecto original de Dios para la humanidad no va de unicidad dominante; por el contrario, va de diversidad, de encuentro y de recuperar una humanidad profundamente intercultural.

---

[1] Francisco, mensaje para la 107.ª Jornada Mundial del Migrante y del Refugiado, 26 de septiembre de 2021.

La danza que nos une: carta del Creador a sus hijos

Queridos hijos e hijas:

Os escribo esta carta desde las entrañas, donde las tres pulsaciones de mi corazón –Padre, Hijo y Espíritu– ejecutan sin cesar una melodía de amor que os incluye a todos.

No busquéis pergaminos antiguos ni lenguas angélicas, pues hoy quiero hablaros como el alfarero que modela el barro con sus propias manos; como el jardinero que contempla con ternura el huerto multicolor de la creación.

Cuando os dije: «Hagamos al ser humano a nuestra imagen», no estaba pensando en réplicas exactas ni uniformes. Sois mi obra maestra precisamente porque cada uno lleva un matiz distinto de mi esencia: el Padre se refleja en vuestra capacidad de acoger, el Hijo en vuestro anhelo de fraternidad, el Espíritu en esa chispa creativa que os impulsa a construir puentes. ¿No veis que vuestra diversidad es el eco de mi naturaleza trinitaria?

Recuerdo aquel Pentecostés donde las lenguas se desbordaron como un río de colores. No fue un truco de magia, sino la revelación más clara de mi sueño para vosotros: ¡unidad en la diversidad! Cada acento, cada costumbre, cada forma de rezar es un hilo en el gran tapiz humano. Por eso me duele cuando levantáis muros donde deberíais tejer redes, cuando convertís las fronteras en profundas heridas en vez de en costuras que unen.

Os confieso algo: cada migrante que cruza un desierto lleva en sus ojos el reflejo de mi Hijo camino del Calvario. Cada refugiado que llama a vuestra puerta repite el gesto de José y María en Belén. La hospitalidad no es caridad, es reconocimiento mutuo: en el rostro del recién llegado está vuestra propia historia de éxodos y búsquedas.

Hoy os pido que convirtáis los «otros» en «nosotros». Como en aquella cena de Nochebuena donde guitarras españolas dialogaban con tambores africanos, os invito a crear espacios donde el té de menta marroquí se mezcle con el chocolate caliente, donde los rezos musulmanes al amanecer armonicen con los cánticos cristianos. No temáis perder vuestra identidad: en la danza trinitaria cada paso es distinto, pero todos siguen el mismo compás.

Los desafíos son muchos, lo sé. Las diferencias duelen como arena en los ojos. Pero recordad: la unidad no significa uniformidad. Cuando un huerto solo tiene tomates, se agota la tierra; cuando alterna berenjenas, pimientos y hierbas aromáticas, la cosecha multiplica sus frutos.

Por eso os doy tres semillas para sembrar. *La semilla del encuentro*: mirad al otro como espejo donde contemplar nuevas facetas de mi rostro; *la semilla de la hospitalidad*: ensanchad el espacio de vuestra tienda, aprended a recibir tanto como daréis, pues todo migrante trae dones inesperados; y *la semilla del profetismo*: denunciad cuando veáis que mi imagen en alguien es pisoteada y maltratada.

No os pido perfección; solo disponibilidad. Como aquella noche en que unos pescadores analfabetos entendieron lenguas de todos los confines, dejad que mi Espíritu os sorprenda. La hospitalidad no es meta; es camino. Y en este sendero, cada paso que dais hacia el otro es un abrazo que me dais a mí.

Con el amor eterno del que nunca deja de esperaros,
Yo Soy.

Cuestiones para la reflexión

El ser humano está llamado a la diversidad; sin embargo, cada vez más, proliferan los mensajes que invitan a nacionalismos cerrados promoviendo el «ellos *vs.* nosotros». Estos discursos rompen la convivencia y fomentan la división social, son discursos que nacen del miedo a perder la identidad cultural, las costumbres, los valores... Nada más lejos de la realidad, porque la diversidad no resta, sino que suma. La hospitalidad se forja en redes interculturales, abiertas y diversas. Las siguientes preguntas quieren ayudarnos a profundizar un poco más en estas cuestiones.

1. ¿Qué me dice a mí el saberme creado a imagen y semejanza de Dios?
2. Si Dios es relación y comunión, ¿por qué en algunas ocasiones hago acepción de personas?; ¿por qué solo busco la relación entre iguales y me cierro a la diversidad comunitaria?
3. ¿Cuáles son los elementos más relevantes que ofrece el relato de Pentecostés para comprender la diversidad?
4. Considero que la diversidad de culturas y lenguas ¿es una oportunidad o es más bien un obstáculo?
5. ¿De qué manera puedo trasladar esta reflexión a mi comunidad, barrio, colegio, trabajo?

El papa Francisco ha señalado en la encíclica *Fratelli tutti* que «la igualdad no se logra definiendo en abstracto que todos los seres humanos son iguales, sino que es el resultado del cultivo consciente y pedagógico de la fraternidad» (FT 104). Ojalá el Espíritu derramado en Pentecostés nos ayude a vivir en el encuentro, la diversidad y la fraternidad.

6

La hospitalidad como clave para la convivencia

La espiritualidad como actitud ética y espiritual nos habla de relación con otras personas; también con uno mismo. Se trata de una relación que pasa por la acogida inicial –no hay hospitalidad sin acogida–, pero que se extiende en gestos sencillos que nos permiten ir tejiendo un vínculo personal y a la vez colectivo, es decir, nos ayudan a vivir con, a convivir.

Convivir es un ejercicio necesario para la vida en sociedad, pero también un reto. A lo largo de la historia, la convivencia de pueblos, grupos, familias y personas se ha ido recreando casi de forma natural, aunque también muy cambiante y no exenta de conflicto o de necesidad de gestión. Hoy en día, después de tantas experiencias, aunque pareciera que deberíamos haber aprendido a convivir de forma sana y pacífica, seguimos viendo cómo es necesario alimentar esa capacidad y actitud. Una forma de hacerlo, sin duda, es abrir la puerta a la hospitalidad.

La hospitalidad nos pone ante quien llega a un espacio que consideramos o vivimos como propio, como nuestro, y nos invita a ceder una parte, a compartir. De esa forma es posible iniciar una convivencia que supone poner en común valores, actitudes y formas de hacer. El horizonte de ese encuentro es que el espacio llegue a ser compartido, común, escenario de relaciones entre las personas que llegan a él. Que puedan darse procesos que van de la tolerancia a la celebración, de la atención a la empatía, de la asimetría a la reciprocidad. Se trata de lo que, en palabras del papa Francisco, formulamos como «ampliar el nosotros».

Convivir hace posible que el nosotros se haga cada vez más grande. Nos lleva a dejar un espacio físico, pero también pone en juego a la propia persona, en tanto que implica la escucha de los relatos y experiencias vitales narradas en primera persona, nos lleva a desprendernos de ideas preconcebidas y a abrirnos a la realidad del otro, permite que surjan vínculos (de afecto, sentimientos, ideas, experiencias) y puedan generarse proyectos compartidos.

En el lado opuesto a la convivencia no solo están el rechazo o las actitudes herméticas y xenófobas, de las que tenemos noticia hoy de forma constante. También son contrarias a la convivencia las relaciones asimétricas que impiden que, por mucho que el tiempo pase, alguien pueda sentirse en un lugar como en su propia casa.

La hospitalidad es clave para la convivencia por cuanto nos permite abonar un terreno en el que todas las personas pueden tener parte. En un comienzo, como recién llegadas, pero con un camino a recorrer que puede llevar a disfrutar del espacio, a volcar en él todas sus capacidades y a ser quien ejerce la hospitalidad en el futuro. Con esta dinámica que es propia de la hospitalidad se hace posible que la vida sea compartida. Por el contrario, cuando no existe esta dinámica, cuando las personas se ven obligadas a estar siempre en el mismo lugar, como objeto y no como sujeto de la experiencia de acogida, la convivencia se convierte en una dificultad.

Los espacios de convivencia que posibilita la hospitalidad permiten conectar tanto con las personas que tenemos delante como con nosotros mismos. Respecto a los otros, compartir la vida nos permite reconocerlos como seres humanos, como personas dotadas de dignidad y con un valor inalienable. Respecto a nosotros mismos, entrar en contacto con la fragilidad del otro nos remite a nuestra condición más esencial y humana. Nos permite reencontrarnos con quienes somos cuando somos de verdad, cuando dejamos caer todas las capas que vestimos en el día a día para sobrevivir en un mundo que ha generado dinámicas estructurales que amenazan la vida, la de los demás y la nuestra. Conectamos con la fragilidad y la dependencia que nos constituyen como persona. Estar frente a otra persona nos devuelve una imagen más nítida de nosotros, tanto en todo aquello que es común como en todo aquello que nos diferencia y en todo lo que nos vuelve dependientes de los demás, necesitados de ayuda, de cuidado y de espacios compartidos.

Hospitalidad: de la acogida a la transformación personal

La hospitalidad comienza como un gesto, una puerta que se abre, una mano que se extiende para recibir a la persona que llama. Es ese primer movimiento del corazón el que rompe la barrera invisible que separa el *adentro* del *afuera*, lo propio de lo ajeno, lo conocido de lo desconocido. Cuando abrimos esa puerta, cuando tendemos esa mano, estamos dando el primer paso en un camino que nos llevará mucho más allá de lo que imaginamos. No se trata solo de ceder un espacio físico, de compartir el pan de nuestra mesa o de ofrecer un techo para pasar la noche. La verdadera hospitalidad, la que transforma y no solo acoge, es aquella que nos invita a ceder también un espacio dentro de nosotros mismos, a compartir no solo lo material sino también lo que somos.

La hospitalidad es el culmen de la vivencia espiritual de las diversas culturas religiosas. Esta profunda afirmación nos invita a comprender que la acogida del otro no es un mero acto de asistencialismo, sino una experiencia espiritual transformadora que nos conecta con lo más esencial de nuestra humanidad y, para quienes tienen fe, con la misma presencia de Dios que se manifiesta en el rostro del que llega.

Cuántas veces nos hemos encontrado en esa encrucijada vital donde, ante la presencia del otro que demanda nuestra atención, nuestro tiempo, nuestro espacio, surge esa tensión interior entre el deseo de proteger lo propio y la llamada a compartir lo que somos y tenemos. Es precisamente en esa tensión donde podemos experimentar el poder transformador de la hospitalidad. Porque al abrirnos al otro, al hacer espacio en nuestra vida para quien es diferente de nosotros, estamos permitiendo que se produzca un milagro cotidiano: el encuentro verdadero.

Todos tenemos la experiencia de que en ocasiones «cuando me esfuerzo por amar y hago daño, cuando repito de nuevo los mismos errores y me enfrento a mis límites...» es justamente cuando más necesitamos ese encuentro transformador. Pues es en la fragilidad compartida donde se forja la auténtica hospitalidad. No en la superioridad de quien recibe, sino en el reconocimiento mutuo de nuestra interdependencia, de nuestra común vulnerabilidad.

La hospitalidad nos sitúa, así, ante un espejo que refleja no solo nuestra generosidad sino también nuestros miedos, nuestras inseguridades, nuestros prejuicios. ¿Cuántas veces nos hemos sorprendido a nosotros mismos juzgando al que llega antes siquiera de conocerlo? ¿Cuántas veces hemos sentido ese impulso de proteger lo nuestro, de defender nuestro espacio, nuestra cultura, nuestras costumbres, como si el otro representara una amenaza y no una oportunidad? Reconocer estas resistencias es el primer paso para transformarlas.

La verdadera transformación personal comienza cuando somos capaces de suspender nuestros juicios previos, de hacer silencio interior para escuchar la historia del otro, para comprender su realidad, su dolor, sus sueños. Porque en el encuentro con el otro, con el diferente, con el que viene de lejos encontramos, paradójicamente, una parte de nosotros mismos que permanecía oculta, dormida, a la espera de ser despertada por esa mirada nueva.

La hospitalidad nos invita a una desposesión, a un descentramiento, a salir de nosotros mismos para hacer sitio al otro. No es fácil. Requiere valor, requiere confianza, requiere fe en lo humano. Supone renunciar a la seguridad de lo conocido para aventurarse en el territorio inexplorado del encuentro. Pero es precisamente en esa aparente pérdida donde se esconde la ganancia: al ofrecer hospitalidad descubrimos que, lejos de empobrecernos, nos enriquecemos de maneras insospechadas.

La hospitalidad presenta una dimensión trascendente que nos habla de su potencial para tocar lo más profundo de nuestra experiencia humana. No se trata solo de convivir, de tolerar, de respetar. Se trata de descubrir en el rostro del otro una invitación a la trascendencia, a superar los límites de nuestro pequeño yo para participar en una realidad más amplia, más inclusiva, más plena.

Cuando acogemos al otro en nuestro espacio vital, algo en nosotros se expande. Nuestras concepciones del mundo se amplían, nuestras certezas se relativizan, nuestros horizontes se ensanchan. Y es ahí, en esa expansión interior, donde encontramos una libertad nueva. A menudo nuestras relaciones están marcadas por cierta tensión y distancia; en nuestros barrios, los grupos o comunidades conviven en los mismos espacios, pero sin relación. La verdadera hospitalidad nos desafía a superar esa compartimentación, a crear espacios de encuentro donde las historias se entrelazan, donde las identidades no se diluyen, sino que se enriquecen mutuamente.

Este proceso de transformación personal que desencadena la hospitalidad no está exento de dificultades. Hay momentos de incomprensión, de malentendidos, de frustraciones. La hospitalidad no es un camino de perfección, sino de autenticidad. No nos pide ser perfectos en la acogida, sino ser verdaderos, ser sinceros con nuestras limitaciones y, a la vez, estar dispuestos a superarlas con la ayuda del otro.

Es en esa danza entre dar y recibir donde la hospitalidad despliega todo su potencial transformador. Porque quien acoge también es acogido, quien da también recibe, quien enseña también aprende. Y es ahí, en esa reciprocidad, donde la hospitalidad deja de ser un acto puntual para convertirse en una forma de estar en el mundo, una actitud vital, una espiritualidad encarnada en lo cotidiano.

Cuando permitimos que la hospitalidad transforme nuestra mirada, empezamos a ver el mundo de otra manera. Lo que antes percibíamos como amenaza, ahora lo vemos como posibilidad. Lo que antes nos generaba miedo ahora nos despierta curiosidad. Lo que antes considerábamos irreconciliable, ahora nos parece complementario. Esta transformación de la mirada es quizá el fruto más precioso de la hospitalidad, porque nos permite reconocer en cada rostro humano, por diferente que sea del nuestro, un reflejo de nuestra propia humanidad.

En este sentido, la hospitalidad no es solo un remedio para la soledad del que llega, sino también para la nuestra. Al abrir nuestra puerta al extraño, estamos también abriendo la puerta a dimensiones de nosotros mismos que permanecían inexploradas.

En el fondo, la hospitalidad nos recuerda que todas las personas somos, en algún momento de nuestra vida, huéspedes y anfitriones. Todos hemos experimentado la vulnerabilidad de estar en tierra extraña, de necesitar acogida, comprensión, un espacio para ser. Y todos tenemos la capacidad de ofrecer eso mismo a otros. Esta conciencia de nuestra interdependencia fundamental es quizá la transformación más profunda que puede operar la hospitalidad en nosotros: la comprensión de que, en última instancia, no hay «ellos» y «nosotros», sino un solo «nosotros» tejido con los hilos multicolores de nuestras diversas historias, culturas e identidades.

La hospitalidad, cuando la vivimos en profundidad, nos revela que nuestra humanidad no reside en lo que poseemos sino en lo que compartimos, no en lo que defendemos sino en lo que ofrecemos, no en las fronteras que trazamos sino en los puentes que tendemos. Y en ese proceso de aprender a compartir, de aprender a tender puentes, de aprender a ofrecer lo que somos, nos descubrimos a nosotros mismos de una manera nueva, más auténtica, más plena.

La hospitalidad es un salto mortal que nos desafía a ir más allá de los principios abstractos para adentrarnos en el territorio concreto del encuentro personal, donde lo que está en juego no son solo nuestras ideas sobre la acogida, sino también nuestra capacidad real de hacer sitio al otro en nuestra vida. Y es en ese salto, en ese riesgo asumido, donde descubrimos que la hospitalidad, lejos de empobrecernos, nos enriquece; lejos de limitarnos, nos libera; lejos de amenazarnos, nos humaniza.

Tejiendo el «nosotros»: la hospitalidad como práctica comunitaria

La hospitalidad trasciende el ámbito de lo personal para convertirse en una práctica que configura nuestras comunidades, nuestros barrios, nuestras ciudades. Cuando la acogida deja de ser el gesto aislado de individuos generosos para transformarse en una cultura compartida, asistimos al milagro de un «nosotros» que se expande y se enriquece con cada nuevo rostro, con cada nueva historia, con cada nueva voz que se suma al coro polifónico de la comunidad.

La hospitalidad no tiene buena prensa en nuestros días. Vivimos tiempos marcados por el miedo, por la desconfianza, por la tentación de replegarnos sobre nosotros mismos, de blindar nuestras fronteras, de proteger lo que consideramos «nuestro» frente a quienes vienen de fuera. Sin embargo, es precisamente en estos tiempos cuando la hospitalidad se revela como una práctica más necesaria que nunca, como un antídoto contra la fragmentación social, como una forma de resistencia frente a las dinámicas de exclusión que amenazan el tejido comunitario.

La hospitalidad comunitaria comienza cuando somos capaces de reconocer que los espacios que habitamos no nos pertenecen en exclusiva, sino que están llamados a ser compartidos. La plaza del barrio, el parque infantil, el centro cívico, el mercado local, incluso la parroquia o la mezquita... Todos estos espacios son escenarios potenciales donde la hospitalidad puede desplegarse como práctica colectiva. Cuando estos lugares se transforman en espacios de encuentro, donde personas de diferentes orígenes, culturas y creencias pueden sentirse acogidas y reconocidas, estamos tejiendo los hilos invisibles pero resistentes de un «nosotros» más amplio e inclusivo.

En diversas ocasiones, las relaciones en nuestros barrios nos muestran una realidad ambivalente: por un lado, una «convivencia más o menos pacífica», pero, por otro, «cierta tensión y distancia» entre los diferentes grupos que cohabitan en el mismo territorio. Como comentábamos, los grupos conviven, «pero cada uno con sus espacios». Esta compartimentación, esta coexistencia sin verdadero encuentro, es precisamente lo que la hospitalidad comunitaria viene a cuestionar y a transformar.

¿Cómo pasar de la mera coexistencia a la verdadera convivencia? ¿Cómo superar las barreras visibles e invisibles que nos mantienen separados aun cuando compartimos el mismo territorio? ¿Cómo tejer una comunidad donde cada persona pueda sentirse parte, donde nadie sea percibido como un «eterno invitado» sino como miembro de pleno derecho? Estas preguntas nos sitúan en el corazón de la hospitalidad como práctica comunitaria.

La hospitalidad, en su marco comunitario, requiere, en primer lugar, una mirada nueva sobre el espacio común. Cuando dejamos de percibir el barrio, la ciudad o el país como un territorio que defender y comenzamos a verlo como un hogar que compartir, algo cambia en nuestra forma de relacionarnos con quienes llegan. Ya no son «ellos», que invaden «nuestro» espacio, sino personas con quienes estamos llamados a construir un hogar común, un espacio donde todas y todos podamos desarrollar nuestras potencialidades, contribuir con nuestros dones, enriquecer el patrimonio común con nuestras diversas tradiciones y saberes.

Esta mirada nueva sobre el espacio común va acompañada de un cambio en nuestra percepción del tiempo. La hospitalidad no se agota en el gesto puntual de la acogida inicial, sino que se despliega en un proceso sostenido donde el recién llegado tiene la oportunidad de pasar de huésped a anfitrión, de receptor a donante, de objeto de la hospitalidad a sujeto que la practica.

Este «salto mortal» implica una revolución en nuestras concepciones sobre la pertenencia y la identidad comunitaria. Ya no se trata de integrar al otro en «nuestra» comunidad preexistente, manteniendo intactas sus estructuras y dinámicas, sino de construir juntos una comunidad nueva, más amplia, más diversa, más rica. Una comunidad donde todas las personas puedan reconocerse y ser reconocidas, donde todas tengan voz y capacidad de decisión, donde todas contribuyan a definir el «nosotros» colectivo.

Pero esta transformación del espacio común no se produce de forma automática ni espontánea. Requiere un trabajo consciente y sostenido para crear las condiciones que hagan posible la hospitalidad en su dimensión comunitaria. Requiere instituciones que la promuevan, políticas que la faciliten, estructuras que la sostengan. Y, sobre todo, requiere personas dispuestas a implicarse en esta aventura colectiva de tejer un «nosotros» más inclusivo y acogedor.

Los espacios de encuentro desempeñan un papel fundamental en este proceso. Lugares donde personas de diferentes orígenes, culturas y creencias puedan conocerse, compartir, colaborar, descubrirse mutuamente más allá de los estereotipos y prejuicios. Estos espacios pueden ser tanto físicos (centros comunitarios, plazas, parques, mercados, escuelas...) como simbólicos (fiestas, celebraciones, rituales, proyectos comunes...). Lo importante es que sean espacios donde la diversidad se viva no como amenaza sino como riqueza, donde las diferencias no separen sino que complementen, donde cada persona pueda aportar su unicidad al tapiz común sin tener que renunciar a su identidad.

En España, como en otros contextos, a diferencia de lo que cabría esperar en épocas de crisis, no se ha producido un aumento significativo de los conflictos y la xenofobia. Esto se debe a diversos factores. Por una parte, España ha hecho bien durante un tiempo las labores de integración, de acogida, de inclusión. Además, la cultura mediterránea es acogedora y hay redes familiares; y la clase obrera tiene memoria de inmigración, porque nos tocó emigrar a nosotros. Esta «memoria de inmigración» es un activo precioso para la hospitalidad comunitaria, pues nos permite reconocernos en la experiencia del otro, recordar que muchos de nosotros, o nuestros padres o abuelos, hemos sido también migrantes, hemos conocido la vulnerabilidad de quien llega a tierra extraña, hemos experimentado la gratitud hacia quienes nos tendieron una mano.

Sin embargo, en muchas ocasiones la población nativa española está contenta con cómo está la población inmigrante. Vive en nuestros barrios marginales y accede a trabajos muy precarios. Aunque suene un poco feo decirlo, potenciamos una especie de *statu quo*. Este *statu quo* revela las asimetrías y desigualdades que a menudo subyacen a la aparente convivencia pacífica. Para que la hospitalidad comunitaria sea auténtica, es necesario cuestionar estas dinámicas de poder y trabajar activamente por una mayor equidad en las condiciones de vida, en las oportunidades, en el acceso a los bienes y servicios comunitarios.

La hospitalidad como práctica comunitaria nos invita, así, a una revisión crítica de nuestras formas de organización social, económica y política. Nos desafía a preguntarnos si nuestras estructuras e instituciones facilitan u obstaculizan la acogida, si promueven la inclusión o perpetúan la exclusión, si favorecen el encuentro o mantienen la segregación. Y nos impulsa a trabajar por la transformación de aquellas realidades que impiden una verdadera convivencia basada en el reconocimiento mutuo y la reciprocidad.

En este sentido, la hospitalidad como clave para la convivencia tiene una dimensión ineludiblemente política. No en el sentido partidista del término, sino en su acepción más profunda como preocupación por la polis, por la comunidad, por el bien común. Nos llama a comprometernos con la construcción de un espacio público donde todas las personas puedan sentirse en casa, donde nadie sea considerado extranjero, donde cada voz sea escuchada y valorada.

Este compromiso político con la hospitalidad se traduce en acciones concretas: impulsar políticas que den respuesta a los grandes retos de nuestras sociedades, como son la vivienda, el trabajo, la educación, entre otros; abogar por políticas migratorias más justas y humanas, luchar contra la discriminación y el racismo, promover la participación de todas las personas en la vida comunitaria, facilitar el acceso equitativo a la vivienda, la educación, la salud, el trabajo... Y también, en un nivel más cotidiano, favorecer gestos, actitudes y prácticas que hagan visible y palpable la hospitalidad en nuestros barrios y comunidades.

La creación de espacios de encuentro intercultural, la celebración de la diversidad a través de fiestas y actos comunitarios, la promoción del aprendizaje mutuo de idiomas y tradiciones, el acompañamiento a las personas recién llegadas para que conozcan su nuevo entorno y se familiaricen con él, la defensa activa de quien sufre discriminación o rechazo... Todas estas son formas concretas de tejer la hospitalidad en el día a día de nuestras comunidades.

Pero quizá la forma más profunda de hospitalidad en esta dimensión comunitaria sea la que se despliega cuando reconocemos al otro no solo como objeto de nuestra acogida, sino como sujeto con capacidad de aportar, de enriquecer, de transformar positivamente la comunidad. Cuando descubrimos que quien llega viene con las manos no vacías, sino cargadas de dones, de saberes, de experiencias que pueden ser una bendición para la comunidad que lo acoge. Cuando abrimos no solo nuestras puertas, sino también nuestros oídos y corazones para escuchar lo que tiene que decirnos, para aprender de su experiencia, para dejarnos interpelar y transformar por su presencia.

Puede decirse que la hospitalidad culmina y sintetiza la vivencia del mensaje cristiano, porque nos invita a cuestionar nuestras certezas colectivas, nuestras formas establecidas de hacer las cosas, nuestras tradiciones cuando se convierten en barreras para la acogida. Nos desafía a una continua conversión comunitaria, a una permanente apertura a lo nuevo que puede traer quien llega.

La hospitalidad se nutre también de las narraciones, de las historias que nos contamos acerca de nosotros mismos como comunidad. ¿Nos vemos como una comunidad cerrada, definida por la exclusión (nosotros frente a ellos), o nos percibimos como una comunidad abierta, definida por la inclusión (un «nosotros» en constante expansión)? Las historias que compartimos, los relatos fundacionales de nuestras comunidades, los mitos que transmitimos a las nuevas generaciones..., todo ello configura nuestra identidad colectiva y determina nuestra capacidad de practicar la hospitalidad.

En este sentido, la hospitalidad no es solo un medio para lograr la convivencia, sino un fin en sí misma, una forma de vida, una manera de estar en el mundo que refleja nuestras convicciones más profundas sobre el valor de cada persona y sobre el tipo de sociedad que queremos construir juntos. Una sociedad donde podamos decir con verdad: «Contigo, mi hogar, mi descanso, mi refugio, mi todo. Señor, donde tú quieras, pero contigo».

Rescatando la vida

«Hoy me senté delante de una pantalla, firmé algunos documentos, tomé el tren, participé en varias reuniones, abrí el paraguas para regresar a casa.

Después, me paré y pensé.

No, gracias, no necesito los zapatos más modernos.

Lo que yo busco es un camino donde mis pies puedan sentirse libres, descalzarme y bailar, andar, saltar; un sendero donde encontrarme contigo, con ella, con él.

Necesito un camino.

No, gracias, no necesito más tareas y reuniones, más compromisos, una agenda sin huecos ni respiros.

Lo que busco es pasar más tiempo contigo, sentarme a tu lado, abrazarte en silencio, reír juntos, contagiar ganas de amar, dar gracias a la vida.

Necesito sentirme a tu lado.

No, gracias, no necesito el vehículo más rápido.

Lo que busco es frenar estas carreras cuando salgo del metro y esa ansiedad que bloquea mi respiración.

Necesito ir más despacio para encontrarme con la flor y con el caracol, con esa sonrisa que me espera a la vuelta de la esquina.

Necesito desacelerar.

No, gracias, no busco estar hiperconectado con el último móvil o tableta.

Lo que yo busco es tener momentos de una conexión diferente, más profunda, contigo, conmigo mismo, con las miradas de los que me cruzo cada día, con el aire y el sol.

Necesito ser más presencia.

No, gracias, no sueño con ser la persona más rica del mundo.

Con lo que yo sueño es con saber valorar lo pequeño, lo realmente importante. Saberme parte de una gran familia, diversa, que me enriquece cada día. Ser puerta abierta, cuidar de la Casa Común y de los más pequeños.

Necesito que soñemos juntos.

No, gracias, no deseo vivir en la vidriera, en el escaparate... para que los demás me vean.

Lo que realmente quiero es honestidad con la vida cotidiana, transparencia ante mí mismo y ante ti, el gozo de lo que es, gustarlo, sentirlo, desde dentro.

Deseo andar en verdad.

No, gracias, no necesito más ruido, más luces e imágenes.

Lo que necesito es encontrarme con la densidad del silencio. Silencio que abra espacio para el encuentro, para la escucha, para la alegría compartida en un roce de miradas, de sonrisas... Silencio que permita descubrir lo esencial, sin ilusiones ni distracciones que me alejen de lo que hay de más real.

Necesito callar...

No, gracias, no me interesa tanto viajar por el mundo haciendo turismo de un sitio a otro.

Lo que deseo en verdad es viajar con mis sentidos: apreciando los aromas de diferentes condimentos, los colores vivos y los más opacos, los rasgos de cada rostro con el que me cruzo, los sonidos de lenguajes diversos y de melodías tan distintas...

Deseo ser uno contigo.

No quiero verme sorprendido un día por la cuenta atrás de la vida sin haber caminado juntos, sin haberte dicho te quiero, sin cultivar la amistad, sin abrazarte en silencio, sin darte las *gracias por tu hospitalidad*, sin sorprenderme por la flor o la esperanza que aflora en lo pequeño.

No, gracias, lo que yo necesito es rescatar la vida»

(Cecilia Campmajó y Alberto Ares).

Cuestiones para la reflexión

La hospitalidad, tanto en su dimensión personal como en la comunitaria, se revela como una clave fundamental para la convivencia en nuestro mundo actual. Al acoger al otro no solo le ofrecemos un espacio físico, sino que nos abrimos a una transformación interior que nos humaniza y nos conecta con lo más auténtico de nosotros mismos. Y al tejer comunidades hospitalarias, estamos construyendo espacios donde cada persona puede aportar su unicidad al proyecto común, donde las diferencias son celebradas y no temidas, donde el «nosotros» se amplía constantemente para incluir nuevas voces y rostros.

La hospitalidad está inscrita en la dimensión de la solidaridad, que tiene su conexión con la justicia, con la tolerancia y con la dignidad de la persona. Esta conexión con valores fundamentales nos habla de la profundidad ética y espiritual de la hospitalidad. No es un lujo, no es una opción romántica, no es un gesto ingenuo. Es una exigencia que brota del reconocimiento de la dignidad inalienable de cada ser humano, una práctica que vuelve tangible nuestro compromiso con la justicia, una forma concreta de construir una sociedad donde la solidaridad no sea una palabra vacía, sino una realidad palpable en la vida cotidiana.

1. ¿Cómo entiendo y practico la hospitalidad en mi vida cotidiana? Reflexiona sobre tus propios gestos de acogida hacia los demás, ya sea en tu hogar, en tu trabajo o en tu comunidad.
2. ¿Qué prejuicios o resistencias identifico en mí frente a quienes son «diferentes» o llegan a mi espacio? Piensa en las barreras internas que podrían estar limitando tu capacidad de convivir con otros con empatía y apertura.
3. ¿En qué momentos he sentido que la hospitalidad me ha transformado como persona? Piensa en experiencias pasadas en las que acoger a alguien te haya llevado a cambiar tu perspectiva, valores o actitudes.
4. ¿Cómo podemos fomentar una cultura de hospitalidad en nuestra comunidad o grupo? Discute con los demás qué acciones concretas pueden emprenderse para pasar de la coexistencia a una convivencia auténtica y enriquecedora.
5. ¿Qué significa *ampliar el «nosotros»* en el contexto de nuestra comunidad?

En un mundo marcado por el miedo y la desconfianza, la hospitalidad se alza como un testimonio de esperanza, como una invitación a creer que es posible otro modo de relacionarnos, que es viable otra forma de construir comunidad, que está al alcance de nuestras manos otro mundo más humano y fraterno. Solo tenemos que atrevernos a abrir nuestras puertas, a tender nuestras manos, a ensanchar nuestros corazones para acoger al otro como un hermano, como un compañero de camino, como un regalo que nos enriquece con su diferencia.

7

La hospitalidad nos invita a acompañar

«Yendo de camino, entró en un pueblo,
donde una mujer, llamada Marta,
lo recibió en su casa.
Tenía esta una hermana llamada María,
que, sentada a los pies del Señor,
escuchaba su palabra»

(Lc 10,38-39).

Este apartado quiere invitar al lector a redescubrir a través del relato de Lc 10,38-42 el significado de la escucha en el marco de un relato que describe una de las prácticas más comunes en el mundo bíblico: la hospitalidad.

Las dos mujeres protagonistas de este texto, Marta y María, junto al Huésped, Jesús, nos enseñan que la hospitalidad se teje con hilos que van más allá de la acogida física, cuestión que hemos repetido en innumerables ocasiones a lo largo de este libro.

Este relato lucano transmite sin tapujos que, para la mentalidad bíblica, la hospitalidad supera las fronteras de lo tangible (la comida, el alojamiento, la bebida) para que tanto el anfitrión como el huésped transiten juntos caminos de comunión. Para superar los límites físicos e ir más allá de esas fronteras tangibles, debemos ante todo prestar atención y escuchar al huésped; de esta manera podremos acoger no solo su presencia en el espacio físico, sino también sus sueños, anhelos y proyectos.

El relato de Lc 10,38-42 nos presenta un elemento fundamental en el ejercicio de la hospitalidad: escuchar al otro que llega, a lo que tiene que decir. Será el acto de la escucha lo que nos permita también saber acompañar al huésped que llega y entra en nuestra casa. El acompañamiento del otro se nutre de la escucha y de la presencia activa que vinculan, dando paso así a la convivencia.

Si la hospitalidad nos invita a acompañar, significa que nos invita a escuchar, a vincularnos con..., aprender de... Escuchemos con atención.

Escuchar: bendito gesto de hospitalidad

> «María, que, sentada a
> los pies del Señor,
> escuchaba su palabra»
>
> (Lc 10,39).

El relato bíblico que ilumina la reflexión que ofrecemos en este apartado es un relato original del evangelista Lucas. No encontraremos en los Evangelios sinópticos (Mateo, Marcos y Lucas) otro relato que nos valga como paralelo de este que presenta Lucas; sin embargo, en el cuarto Evangelio sí que encontramos dos relatos que conectan con la escena narrada por Lucas: nos referimos a los pasajes de Jn 11,1-54 y 12,1-8, textos que corresponden a la resurrección de Lázaro y la unción en Betania. En ellos encontramos a las dos hermanas con los mismos nombres, Marta y María; hermanas de Lázaro (Jn 11,1); con rasgos de carácter similares a los descritos en la narración lucana; ubicadas geográficamente en el pueblo de Betania, de la provincia de Judea (Jn 11,1-7), y un detalle fundamental: en la casa de Marta y María, Jesús recibe hospitalidad (Jn 11,19).

Estas dos hermanas que aparecen en escena siempre en Betania y al lado de Jesús son mujeres de fe, discípulas del Maestro, cuya descripción hacen los evangelistas siempre en relación con el Huésped: Jesús (Lc 10,38-42 y Jn 12,1-11). En ambos relatos, Marta está haciendo algún trabajo y María aparece al lado de Jesús escuchando su palabra o ungiendo sus pies con perfumes. Al mismo tiempo, en ambos relatos la actitud de María provoca desconcierto, primero en su propia hermana –«Señor, ¿no te importa que mi hermana me deje sola en el trabajo? Dile que me ayude» (Lc 10,40)–, y en el relato de Juan despierta el desconcierto de Judas, que manifiesta su disconformidad con la actitud de María: «¿Por qué no se ha vendido este perfume por trescientos denarios y se ha dado a los pobres?» (Jn 12,4-5) En ambos casos, Jesús enaltece la actitud de María, la valora y la defiende porque es el gesto de mayor acogida y entendimiento con el Huésped. En ese sentido, todo parece indicar que, según la lógica de estos relatos, el gesto de la escucha es la mayor y mejor manifestación de la hospitalidad.

Marta está ocupada en muchas cosas, claro que lo está, y tenía que estarlo. El contexto sociorreligioso de su época prolongaba una tradición en la que la mujer debía ocuparse de las tareas domésticas y, además, no participaba en los círculos de enseñanza de los rabinos, de los maestros de la ley. En ese sentido, Marta no hace más que cumplir lo que la tradición y su contexto social y religioso indican. Aun así, y reconociendo la autoridad de Jesús, Marta insiste: «Dile que me ayude» (Lc 10,40) expresando la disconformidad y el disgusto ante la actitud de su hermana, María. Por su parte, Jesús escucha el descontento de Marta, pero no centra la atención en María para increparla o regañarla como pedía su hermana; por el contrario, se vuelve a Marta y la invita a pensar de otra forma, a cambiar su actitud. No es que Marta deba abandonar el servicio, sino que no debe abandonar «una cosa necesaria» (Lc 10,42). Esa cosa necesaria es la escucha de la palabra tal como hace María; esa es la parte buena, explicada al principio del relato: «María, sentada a los pies del Señor, escuchaba su palabra» (Lc 10,39). De ahí que Jesús ponga de relieve la actividad de María sobre la actividad de Marta.

Ahora bien, cuando una persona practica la escucha, significa que alguien más está hablando. En este relato lucano el acto de escucha de María indica que era Jesús el que hablaba. Ciertamente, el relato no proporciona datos sobre el contenido de lo que el Maestro comunicaba, pero suponemos que en el diálogo Jesús manifestaba sus conocimientos, expresaba sus deseos, anunciaba el Reino, y María escuchaba atentamente, con una escucha activa, no pasiva, que le hacía involucrarse, conocer el mundo interior de quien hablaba (Jesús), aprender, interpretar, conectarse... Por su parte, quien habla (Jesús) conecta profundamente con quien lo escucha (María), tiene en cuenta su mundo, sus conocimientos, sus anhelos... María participa de la revelación del Huésped (Jesús); su escucha es activa y empática. Al mismo tiempo, y de manera implícita, entendemos que, mientras Jesús daba su punto de vista sobre el descontento de Marta, ella (Marta) también escuchaba. Si asumimos que escuchar es un acto de apertura activa del corazón, entonces también Marta, al oír a Jesús, se deja alcanzar por su Palabra. En ese encuentro comienza a formar parte del mundo del Maestro y tal vez se siente movida a replantear su actitud y dejarse transformar desde dentro.

Será entonces la acción comunicativa (hablar-escuchar) lo que Lucas destaca como fundamental en el marco de un relato de hospitalidad. El acto de escuchar es en este relato un acto de acción, no de pasividad. La escucha nunca se relaciona con la pasividad, porque quien escucha ya «hace algo»: aprender de quien está hablando; en este caso, participar de las enseñanzas de Jesús, conocerlas y ponerlas en práctica.

Este texto de Lucas es un relato que invita a la conversión y lo hace magistralmente a través de una escena que narra una acción comunicativa: la escucha atenta al Huésped (Jesús). Resulta más llamativo que ese acto de escucha lo presente Lucas en el contexto de un relato de hospitalidad: «Yendo de camino, entró en un pueblo, donde una mujer, llamada Marta, lo recibió en su casa» (Lc 10,38). Jesús entra en la casa de Marta, y al entrar Jesús, entra también la salvación. La intención es que Marta participe de esa salvación, de la conversión (de un cambio de actitud y de mentalidad), a través de la escucha del Huésped. Si se repasan los relatos de hospitalidad del Antiguo y del Nuevo Testamento, se descubre pronto que el acto de la comunicación acontece en todos esos relatos. De hecho, generalmente el esquema sigue más o menos el siguiente orden: llegada del huésped (extranjero); acogida del huésped; servicio al huésped; conversación con el huésped; acogida de su palabra; despedida. La hospitalidad no se mide tanto en la acogida física o el servicio que se ofrezca como en la acogida de la persona en sí, en la atención a lo que tiene que decir, expresar, comunicar. Escuchar al huésped es el bendito acto de la hospitalidad, es una de las expresiones más originales de la acogida; de ahí que todo relato de hospitalidad dé prioridad a la escucha ante lo que el huésped tiene que comunicar.

El relato de Lucas, que fue tan necesario para las primeras comunidades cristianas, transmite hoy un mensaje potente y radical. Es menester recuperar el acto de la comunicación, tan viciado hoy. Para ello es necesario prestar atención, dejar que el Maestro entre en nuestra casa y, al igual que María, sentarnos a sus pies para escuchar activamente lo que él tiene que decir, lo que quiere revelarnos. Y si vamos más allá, el texto se nos presenta como una invitación a acoger al Huésped y a todo huésped, porque, como ya se ha indicado a lo largo de este libro, Dios mismo se hace Huésped, se hace peregrino, se identifica con el extranjero. Abrir mi casa al extraño es abrirla a Dios, acoger al extraño es acoger a Dios. Escuchemos con atención lo que el huésped nos quiere revelar.

Acompañar: una palabra prudente desde la espiritualidad ignaciana

> «Una Iglesia que acompaña en el camino
> sabe ponerse en el camino con todos».
>
> (Francisco).

En el primer apartado de este capítulo que lleva por título «La hospitalidad nos invita a acompañar», se ofrecía un primer acercamiento a la cuestión a partir del relato que nos cuenta Lucas en su Evangelio (Lc 10,38-42). En ese relato descubrimos cómo a partir de un relato de hospitalidad se destaca como elemento relevante el acto de escucha del Huésped y en él de todos los huéspedes, indicando así que en el ejercicio de la hospitalidad, además de los servicios (alojamiento, comida, etc.), existe una cosa necesaria: sentarse y escuchar lo que el otro tiene para comunicar.

Este acto de la escucha está fuertemente vinculado al ejercicio de acompañar. Veremos en este segundo apartado en qué sentido estos dos elementos están conectados entre sí; para ello, ofreceremos una palabra prudente de las fuentes de la espiritualidad ignaciana. Este recorrido culminará en un tercer apartado, donde, mediante el análisis de buenas prácticas, se mostrará cómo concretar la hospitalidad y el acompañamiento en la vida cotidiana.

Antes de ofrecer algunas sencillas claves extraídas de la espiritualidad ignaciana, nos permitimos recordar un fragmento del discurso dirigido por el papa Francisco a los participantes en la Asamblea del Consejo Pontificio para las Comunicaciones Sociales en septiembre de 2013. En aquella ocasión, el papa mencionó tres ideas que a su parecer son relevantes dentro del marco de la comunicación. No las presentaremos todas. Nos interesa destacar de manera especial la segunda idea, en la que el Santo Padre recordaba que la Iglesia tiene un desafío: «Lograr inserirse en el diálogo con los hombres y las mujeres de hoy, para comprender sus expectativas, sus dudas, sus esperanzas». Este desafío es una llamada al acompañamiento. De ahí que el papa indique:

«¡Una Iglesia que acompaña en el camino sabe ponerse en camino con todos! Y hay también una antigua regla de los peregrinos, que san Ignacio asume; por eso yo la conozco. En una de sus reglas dice que aquel que acompaña a un peregrino y que va con él debe ir al paso del peregrino, sin adelantarse ni retrasarse. Y esto es lo que quiero decir: una Iglesia que acompaña en el camino y que sepa ponerse en camino, como camina hoy. Esta regla del peregrino nos ayudará a inspirar las cosas»[1].

El Santo Padre recurre a una antigua regla de peregrinos, que también Ignacio conocía y ponía en práctica. Tal regla indicaba que acompañar es *ir al lado y al paso del peregrino*, no es adelantarse ni retrasarse, es caminar con..., a su lado. Todo ejercicio de hospitalidad implica ponerse en camino, echar a andar con otros en el reconocimiento de la fragilidad y vulnerabilidad propias. Recordemos que la palabra *hospitalidad* procede, en su raíz latina, de *hospes* (huésped) y *hostis* (enemigo); en nosotros mismos habitan el huésped y el extranjero, lo que nos exige, por tanto, una actitud kenótica, es decir, una actitud de despojamiento, de constante aprendizaje y escucha.

Esta actitud de despojamiento, de aprendizaje y de escucha la experimentó Ignacio de Loyola inicialmente en el incidente de Pamplona y en la convalecencia que vivió en la casa familiar de Loyola acompañado de la lectura de la *Vita Christi* y las vidas de los santos. Más adelante,

---

[1] FRANCISCO, discurso a los participantes en la asamblea plenaria del Consejo Pontificio para las Comunicaciones Sociales, 21 de septiembre de 2013.

en Montserrat vivirá una experiencia de apertura interior que llevará a que en Manresa se produzca un cambio sustancial, el saberse «ser llevado». Ignacio emprenderá un camino con otros, un camino en compañía, con la certeza de que es su Señor quien lo ha buscado primero y quien lo acompaña. De ahí que sea fácil comprender que la experiencia de los Ejercicios Espirituales propuestos por Ignacio se convierta en un diálogo profundo entre el Creador y su criatura, un diálogo que implica al mismo tiempo la escucha atenta.

El verbo *acompañar* viene de *compañía*, y, a su vez, *compañía* deriva de *cum* y *panis:* «compartir el pan». Esto se traduce en lo siguiente: acompañar es estar o ir en compañía con otro/s, compartir la vida, participar en los sentimientos de otro, ir a su lado. Así las cosas, el ejercicio de acompañar implica reciprocidad, vinculación. *Acompañar*, en el lenguaje ignaciano, es «estar presentes»: lo importante es poder comunicar al otro la presencia propia, compartir la vida. En este sentido, acompañar encuentra una profunda relación con la hospitalidad. Quien se muestra hospitalario emprende un camino en compañía con, acompaña a, comparte la vida con, participa de los sentimientos de, escucha a... el huésped. A la luz de esta reflexión, tiene sentido y resuena la regla del peregrino que menciona el papa y que tanto conoce: *acompañar al peregrino es caminar a su lado, hacerse presente.*

Mostrar hospitalidad es acompañar al huésped, caminar a su lado, escuchar lo que tiene que comunicar. La escucha se nos presenta como uno de los elementos clave: quien acoge y acompaña está llamado a hacerlo con reverencia ante la persona (huésped), abriendo el corazón para recibir y descubrir la intimidad de esta, que se va revelando poco a poco, paso a paso, en un espacio que no pide nada a cambio, porque es un espacio de libertad. Este compartir mutuo va más allá de un espacio físico; por eso, no nos cansamos de recordar que la hospitalidad en clave de acompañamiento y escucha supera lo espacial y lo físico, porque entra en el ámbito del encuentro, de la cercanía, del re-conocimiento del otro, y todo ello con escucha, diálogo y respeto por el huésped.

En esa misma línea, se comprende entonces que el papa indique que la Iglesia-comunidad que acompaña sabe ponerse en camino, es decir, sabe caminar con el otro sin que importe de dónde viene, porque sabe mirar a los ojos de la humanidad, creando puentes en lugar de barreras. Una Iglesia así es una Iglesia sin fronteras (EG 210)

Acompañar en clave ignaciana es saber hacerse presente, saber estar. El ejercicio de la hospitalidad en clave ignaciana invita a acompañar, a escuchar, a caminar, a estar y, al mismo tiempo, a sabernos acompañados por Aquel que nos ha creado, que se hace compañero de camino. Por eso los discípulos de Emaús exclamaban: «¿No ardía nuestro corazón mientras nos hablaba por el camino?» (Lc 24,32). Dejemos que arda nuestro corazón, escuchemos al Huésped y en él a tantos otros huéspedes que nos revelan el rostro de Dios.

Crónica de un éxodo acompañado

Me llamo Aminata Diallo. Nací en una aldea de la región de Kolda, en el sur de Senegal, donde el polvo rojizo del Sahel se mezcla con el verde esperanza de los baobabs. Durante veinticuatro años, creí que aquellos caminos de laterita serían mis únicas rutas. Hasta que, en 2022, la sequía prolongada y los conflictos por el agua convirtieron nuestra cosecha de mijo en un recuerdo lejano.

El primer signo de acompañamiento vino de mi abuela Aïssatou. «La vida es como el río Casamance –me decía mientras trenzaba mi pelo con manos expertas–: a veces se seca, pero bajo la tierra corre agua viva». Su sabiduría ancestral fue mi primer salvavidas. Cuando decidí partir de mi tierra natal, no me entregó amuletos, sino tres consejos: «Escucha más que hables, aprende la lengua de los otros y no confundas hospitalidad con caridad».

La travesía por el Sáhara fue un vía crucis de cuarenta y tres días. En Agadez (Níger) conocí a Omar, un tuareg de ojos azules que guiaba caravanas. Su modo de acompañar consistía en silencios elocuentes y gestos precisos: compartir el último sorbo de agua del cántaro, señalar las estrellas que indicaban el norte, cantar para ahuyentar el miedo. «En el desierto –me enseñó– la hospitalidad es ley de supervivencia».

En Argelia, un encuentro inesperado. Sor Lucía, misionera española de sesenta y ocho años, me acogió en un centro de migrantes. Su método era sencillo: «Aquí no damos consejos; damos tiempo». Cada tarde organizaba círculos de escucha donde argelinos, subsaharianos y europeos compartían historias. «La verdadera acogida –decía– comienza cuando dejamos que el otro nos interrogue».

Al pisar suelo español en mayo de 2023, el primer rostro amigo fue el de Carlos, voluntario de una parroquia madrileña. Su protocolo de acogida incluía detalles inusuales: un móvil con tarjeta SIM para llamar a mi familia, un cuaderno donde escribir mis sueños profesionales, y clases de cocina mutuas. Carlos me decía: «Tú me enseñas *tieboudienne*[2], yo te enseño paella».

En el centro de acogida descubrí el significado práctico de la escucha y el acompañamiento. Las voluntarias como Martina, estudiante de Psicología, encarnaban a María: cada viernes organizaban «cafés terapéuticos» donde simplemente escuchaban, sin prisas ni formularios. «A veces –me confesó– lo más revolucionario es dejar que el silencio hable».

Pero la vida fue buena conmigo: tuve más señales de acompañamiento. Recuerdo a Laura, abogada especializada en extranjería. Su enfoque rompía esquemas: en lugar de darme soluciones, me entrenaba para negociar con la Administración. Siempre me decía: «Tu voz debe sonar fuerte y clara –insistía–. La dignidad no se traduce; se ejerce». Y además no me dejaba sola: más de una vez me acompañó a hacer todos los trámites para poder tener papeles.

En el mercado de Tirso de Molina, donde trabajo vendiendo telas africanas, el señor Ramón –dueño de una tienda de ultramarinos– se convirtió en mi «tutor ciudadano». Me enseñó desde cómo reclamar una factura hasta ir de tapas en Madrid. «Aquí –bromeaba– el mejor acompañamiento es un buen contrato y un café con churros».

Hoy, tres años después, formo parte de un taller de costura donde españolas y migrantes creamos coleccio-

[2] Plato típico senegalés, también llamado *ceebu jen*. Es considerado el plato típico del país y se compone principalmente de arroz (*cee*), pescado (*jën*) y salsa de tomate.

nes fusionando *wax*[3] africano y patrones flamencos. La mayor lección llegó de Carmen, setenta y dos años, viuda de un guardia civil. Al principio, nuestra relación fue pura cortesía forzada. Hasta que un día le conté la historia de los tejidos *bogolan*[4]. Ahora, ella me enseña punto de cruz y yo le explico el significado de los *adinkras*[5] ghaneses.

Hace unos meses acompañé a Carlos, el voluntario que me encontré hace tres años, a dar una charla en un instituto. Al verme hablar con soltura de mi integración en Madrid, sus ojos brillaron: «Esto es acompañamiento en doble sentido –susurró–. Tú me has enseñado a ver España con ojos nuevos».

Mi historia no es excepcional. En el piso que comparto con una familia siria y una estudiante de Erasmus, hemos creado nuestra propia regla: cada domingo, cocinamos alternando recetas de Alepo, Dakar y Toledo. Hemos descubierto que la clave está en ajustar el fuego para que ningún sabor domine a los otros.

---

[3] La palabra *wax* significa «cera» en inglés. Las telas wax tienen una historia interesante y muy antigua. Son originarias de Indonesia, donde los artesanos desarrollaron la técnica del *batik*. Este antiguo método aplica cera a tela de algodón, creando hermosos patrones al resistir al tinte durante el proceso de coloración. Con el tiempo, las telas wax encontraron su camino hacia África por las rutas comerciales y se convirtieron en parte integral del patrimonio africano.

[4] *Bogolan* significa «telas de barro» en lengua bambara. Se trata de una técnica de teñido con tintes naturales y arcilla que los artistas de Malí han utilizado durante siglos en las telas de algodón tejidas a mano.

[5] Son símbolos que representan conceptos o aforismos. Se utilizan en tejidos y cerámicas.

Ahora puedo entender mejor que Jesús no condenaba el servicio de Marta, sino su ansiedad. En mi proceso, los mayores actos de hospitalidad fueron esos momentos de presencia plena: la funcionaria que pospuso una reunión para escuchar mi relato completo, el vecino que me regaló un diccionario de español, la psicóloga que validó mi duelo por echar de menos mi tierra.

Hoy, mientras ayudo a recién llegados, aplico la lección de sor Lucía: «No ofrezcas respuestas; ofrece espejos donde vean su propia fortaleza». La verdadera acogida, comprendo, no es un trámite administrativo ni un acto caritativo. Es el arte delicado de caminar junto al otro, aprendiendo a bailar al compás de sus pasos, sus silencios, sus esperanzas.

En este Madrid que ya siento como hogar, sigo aplicando los tres consejos de mi abuela: escucho las historias de los tenderos del Rastro, domino el «madrileño básico» (con algún *guapo* estratégico), y cada noche, antes de dormir, agradezco a Dios esos ángeles cotidianos que supieron convertir su hospitalidad en escucha y compañía de camino.

Cuestiones para la reflexión

Este capítulo presenta otro elemento clave: cuando hablamos de hospitalidad, nos referimos al acompañamiento y, de fondo, a la escucha. El ejercicio de la hospitalidad invita a estar presentes y a atender a lo que el huésped quiere comunicar. Las siguientes preguntas nos ayudan a profundizar en estos elementos.

1. Esta interpretación del relato de Marta y María ¿me resulta novedosa? ¿Considero que el acto de escuchar es fundamental para la hospitalidad?
2. ¿De qué manera puedo poner en práctica la escucha al huésped?
3. ¿Qué otros aspectos pueden ser relevantes en el acompañamiento de personas migrantes y refugiadas?
4. ¿Qué suponen para nuestras comunidades de acogida la escucha y el acompañamiento?
5. ¿Cómo podemos ser una Iglesia sin fronteras, que escucha y que acompaña?

La hospitalidad se teje con hilos de escucha, de acompañamiento, de cercanía y de puertas abiertas. Caminemos juntos hacia una Iglesia sin fronteras.

8

Descubriendo a Dios en un acto de hospitalidad

La hospitalidad es un valor compartido por diversas tradiciones religiosas en las que encontramos referencias al imperativo de la acogida e incluso pautas para llevarla a cabo, identificando prácticas concretas relacionadas con la atención, los cuidados y el servicio que son aplicadas por personas, comunidades e instituciones. De este modo, la hospitalidad se presenta como un valor compartido, presente en diversos relatos que nos hablan de experiencias vividas. Los matices son diversos, pero otros elementos son comunes. La hospitalidad se entiende como descentramiento, un movimiento en el que se diluyen los límites entre quien llega y quien ya estaba; como la posibilidad de generar algo nuevo y como posibilidad de trascendencia, es decir, algo que nos lleva al encuentro con la divinidad.

El encuentro con Dios que se produce en la hospitalidad se traduce en una llamada, individual y también colectiva, al compromiso con la realidad, con las mujeres y hombres de nuestro tiempo. Ese compromiso surge del reconocimiento, de sabernos también acogidos.

Reconocer lo divino en el rostro del otro

La hospitalidad no es simplemente un gesto de cortesía o una norma social; es un espacio sagrado donde se hace presente lo divino. En ese gesto tan cotidiano y a la vez tan extraordinario de abrir la puerta, de hacer sitio en nuestra mesa, de ofrecer cobijo, se produce un misterio: Dios mismo se manifiesta. Las tradiciones espirituales más diversas coinciden en señalar que cuando acogemos al otro, especialmente al extranjero, al diferente, al necesitado, estamos, sin saberlo quizá, recibiendo a lo divino que se esconde tras cada rostro humano.

En la tradición cristiana resuenan con fuerza las palabras de Jesús: «Fui forastero y me acogisteis». Este pasaje de Mateo 25 no es solo una invitación a la caridad, sino también una revelación desconcertante: Jesús mismo se identifica con el extranjero, con quien llega a nuestra puerta necesitado de acogida. La hospitalidad se convierte así en un encuentro cristológico, donde quien acoge y sirve al forastero está, sin saberlo, sirviendo al mismo Señor. Esta idea transforma radicalmente nuestra mirada: cada persona que llega a nuestra vida no es una casualidad, sino una visita sagrada, una teofanía cotidiana.

En el judaísmo, la importancia de la hospitalidad queda reflejada en Levítico 19: «Cuando algún extranjero se establezca en vuestra tierra, no lo tratéis mal. Al contrario, tratadlo como si fuera uno de vosotros. Amadlo como a vosotros mismos, porque también vosotros fuisteis extranjeros en Egipto. Yo soy el Señor y Dios de Israel». Este mandamiento, parte central de la ley mosaica, ordena explícitamente tratar con hospitalidad y amor al extranjero, recordando a los israelitas su propia experiencia. Esta enseñanza es fundamental en la tradición judía y subraya la importancia de la hospitalidad (*haknasat 'orḥim*) como virtud y obligación ética.

De forma similar, en la tradición islámica, la hospitalidad (*diyafa*) trasciende la mera obligación social para convertirse en un acto de profunda significación espiritual. El Corán recuerda a los creyentes que honrar al huésped es honrar a Dios mismo. La generosidad para con el viajero, el extranjero o el necesitado se convierte en expresión tangible de la sumisión a Alá y reflejo de su misericordia infinita.

¿Qué sucede cuando abrimos nuestras puertas y nuestro corazón al otro? Se produce un misterioso descentramiento. Salimos de nosotros mismos, de nuestras seguridades y rutinas, para dejar espacio al diferente. Y en ese movimiento de salida, paradójicamente, nos encontramos con lo más profundo de nosotros mismos y con lo divino que habita tanto en el otro como en nuestro interior. La hospitalidad nos revela una verdad fundamental: que lo divino no se encuentra en espacios cerrados y protegidos, sino precisamente en la apertura, en la frontera, en ese umbral donde confluyen lo conocido y lo desconocido.

Este descentramiento no está exento de riesgo ni de vulnerabilidad. Acoger implica siempre cierta inseguridad, una disposición a ser alterado por la presencia del otro. Quizá por eso mismo, la hospitalidad auténtica se convierte en espacio privilegiado para el encuentro con Dios, pues en todas las tradiciones espirituales el encuentro con lo divino implica siempre una transformación, un dejarse desinstalar. La vulnerabilidad compartida entre quien acoge y quien es acogido crea un espacio donde puede manifestarse lo trascendente.

Pienso en Ana, una mujer mayor que durante años ha abierto su casa a estudiantes extranjeros. Ella me contaba: «Cuando Manuel, un joven colombiano, llegó a mi casa, yo todavía estaba de luto por mi marido. No tenía ganas de compartir mi espacio con nadie, pero algo me empujó a decir que sí cuando la asociación me lo propuso. Las primeras semanas fueron extrañas, cada uno mantenía sus distancias. Un día, Manuel enfermó con una gripe terrible. Me encontré cuidándolo como había cuidado a mi esposo en sus últimos meses. Una noche, mientras le cambiaba la compresa fría de la frente, sentí una presencia tan real, tan tangible... Era como si mi marido y Dios mismo estuvieran allí, sonriendo, aprobando ese gesto tan sencillo de cuidado. En ese momento comprendí que, acogiendo a Manuel, estaba siendo yo misma acogida en un abrazo mucho más grande».

Historias como la de Ana nos revelan algo profundo: la hospitalidad crea un espacio donde se diluyen las identidades fijas de «anfitrión» y «huésped». Quien acoge descubre, con sorpresa, que está siendo acogido. Quien llega necesitado de cobijo acaba, muchas veces, ofreciendo un don imprevisto. En ese intercambio misterioso, en esa difuminación de fronteras, se manifiesta lo divino que trasciende nuestras categorías y separaciones.

La hospitalidad nos recuerda también nuestra condición fundamental de peregrinos y huéspedes en esta tierra. Todas las tradiciones espirituales coinciden en señalar que nuestra existencia es pasajera, que somos caminantes acogidos en un cosmos que no nos pertenece. Practicar la hospitalidad nos conecta con esta verdad existencial: antes de ser anfitriones, todos hemos sido y seguimos siendo huéspedes. El aire que respiramos, la tierra que pisamos, el agua que bebemos, la vida misma..., todo es don recibido, todo es hospitalidad cósmica que nos precede.

En los monasterios benedictinos, la regla establece que todo huésped sea recibido «como si fuera Cristo mismo». Esta práctica milenaria no es mera cortesía, sino profunda sabiduría espiritual: el extraño que llama a nuestra puerta es mensajero de lo divino. Su presencia nos cuestiona, nos invita a salir de nuestro pequeño mundo autocentrado. Y precisamente en esa desinstalación se abre la posibilidad del encuentro con lo trascendente.

Recuerdo el testimonio de Carmela, voluntaria en un comedor social en Valladolid: «Llevo años sirviendo comidas, pero nunca olvido el día que comprendí lo que estaba realmente haciendo. Era una tarde de mucho trabajo, estaba cansada y probablemente mi rostro lo reflejaba. Un hombre mayor, de esos que llevan la vida escrita en las arrugas, me miró fijamente mientras le servía el potaje y me dijo: "No te preocupes, hija, que cuando sirves la sopa, sirves a Dios". Algo se quebró dentro de mí. De repente vi cada plato, cada cuchara, cada gesto cotidiano, iluminado por una luz diferente. No estaba simplemente repartiendo comida; estaba participando en una liturgia sagrada donde lo divino circulaba entre nosotros. Desde entonces, cuando siento que me puede la rutina, recuerdo esas palabras».

La hospitalidad es también reconocimiento. Ver en el otro no una amenaza, no un problema, no un caso que resolver, sino un rostro único, una historia sagrada, una presencia valiosa por sí misma. Este reconocimiento del otro como portador de dignidad intrínseca es ya un acto espiritual. En todas las tradiciones religiosas encontramos esta llamada a reconocer lo sagrado que habita en cada persona, especialmente en los más vulnerables, a quienes nuestras sociedades tienden a invisibilizar.

Cuando practicamos la hospitalidad con autenticidad, cuando nos disponemos a ese encuentro genuino con el otro diferente, se produce algo extraordinario: los juicios y prejuicios se suspenden, las etiquetas caen, las categorías sociales se relativizan. Emerge entonces un espacio de comunión más allá de nuestras construcciones culturales, un espacio donde lo divino puede manifestarse como presencia que nos habita a todos por igual y, a la vez, de manera única en cada persona.

La filósofa Simone Weil hablaba de la «atención» como forma más pura de generosidad. Esa atención plena al otro, ese estar presente sin imposiciones ni proyecciones, ese acoger su realidad sin pretender modificarla según nuestras expectativas, constituye quizá la esencia más profunda de la hospitalidad. Y es precisamente en esa atención desinteresada donde lo divino encuentra un canal para manifestarse. Dios mismo se nos revela como Aquel que presta atención infinita a cada criatura, como el que acoge incondicionalmente nuestra realidad.

Tejer comunidad en la acogida

En el cristianismo, escuchamos a Jesús identificarse plenamente con el forastero: «Fui extranjero y me acogisteis». No dice «acogisteis a alguien que se parecía a mí» o «actuasteis como yo hubiera actuado». No. La identificación es total, desconcertante: acoger al extranjero es acoger a Jesús mismo. Es como si Jesús nos dijera: «Si queréis encontrarme, no solo me busquéis en los santuarios y los templos; buscadme en la sonrisa tímida del refugiado que acaba de llegar a vuestro barrio, en las manos temblorosas del anciano que busca compañía, en los ojos esperanzados de quienes llaman a vuestra puerta».

Pero esta hospitalidad que nos abre al encuentro con lo divino no es solo un acto individual; es fundamentalmente una tarea comunitaria. Cuando una comunidad –sea una familia, un barrio, una parroquia, una escuela, una ciudad entera– decide configurarse para la acogida, está optando por un modo revolucionario de estar en el mundo. Está diciendo: «Nosotros no construimos nuestra identidad sobre el miedo al diferente, sino sobre la celebración de la diversidad. No vemos al otro como amenaza, sino como regalo. No cerramos puertas para proteger lo nuestro, sino que las abrimos para enriquecernos con lo del otro».

Y en ese proceso de tejer comunidad en la acogida, sucede algo extraordinario: la comunidad misma se transforma. Lo que comenzó como un acto de generosidad hacia el otro acaba revelándose como un don para quien acoge, dando paso a un espacio común donde todos dan y todos reciben, donde todas las identidades se enriquecen mutuamente.

Pienso en Lola, una mujer mayor que conocí en un barrio de Madrid. Cuando los primeros inmigrantes senegaleses llegaron a su edificio a finales de los años 90, muchos vecinos reaccionaron con desconfianza y rechazo. Pero Lola, que había vivido la dureza de la posguerra y sabía lo que era la escasez, empezó a tejer pequeños gestos de acogida: una tortilla que compartía, unas sábanas que ya no usaba, una orientación para encontrar trabajo. «No hacía nada del otro mundo –me decía ella con su acento madrileño castizo–, pero lo poco que daba me volvía multiplicado. Ellos me regalaban sus historias, sus canciones, sus comidas con esos sabores tan distintos... y sobre todo su amistad. Al final, ¿sabes qué pasó? Que cuando caí enferma, fueron ellos los primeros en cuidarme. Madou venía todos los días a ver si necesitaba algo; Fatou me traía comida recién hecha. Y eso que al principio ni nos entendíamos con las palabras..., pero nos entendíamos con el corazón».

La historia de Lola no es una excepción. Es el reflejo de una realidad más profunda: cuando nos arriesgamos a la acogida auténtica, cuando nos dejamos impactar por la presencia del diferente, estamos creando el espacio para que Dios mismo se manifieste como el que derriba muros de separación y crea vínculos insospechados.

Dios, que nos mueve a la acogida, y nosotros, que acogemos y dejamos que la realidad del otro entre en nuestras vidas, posibilitamos que la hospitalidad sea una experiencia espiritual transformadora.

Y esta transformación no se queda en el ámbito personal o en el pequeño círculo comunitario. Cuando una comunidad se configura sobre la acogida, se convierte en fermento transformador para toda la sociedad. Su testimonio silencioso pero elocuente cuestiona los discursos del miedo, las políticas de exclusión, las barreras que levantamos para protegernos del diferente. Frente a la lógica del «nosotros contra ellos», estas comunidades proponen una lógica del «nosotros con ellos», del «nosotros gracias a ellos».

Las comunidades de hospitalidad de los jesuitas en España son un ejemplo concreto de este camino. Como señalan ellos mismos, «en muchos de los contextos donde han ido surgiendo comunidades de hospitalidad se ha producido una vida renovada dentro de nuestra familia ignaciana». No es casualidad que la hospitalidad genere vida nueva, porque está alineada con el movimiento mismo de la vida divina, que siempre crea, siempre renueva, siempre hace nuevas todas las cosas.

Esta concepción espiritual de la hospitalidad no resta nada a su dimensión política y social. Al contrario, la profundiza y le da un horizonte más amplio. Acoger al diferente, tejer comunidad con quien viene de fuera, construir espacios donde la diversidad sea reconocida como riqueza..., todo ello son acciones profundamente políticas en un mundo marcado por el miedo al otro, el cierre de fronteras y la xenofobia. La hospitalidad comunitaria, cuando está enraizada en una experiencia espiritual profunda, se convierte en fuente de transformación tanto personal como social.

¿Cómo reconocer la presencia de Dios en una comunidad acogedora? ¿Qué signos nos indican que en ese espacio de acogida mutua está aconteciendo algo trascendente? Podemos identificar al menos tres señales.

Primero, la alegría. No una alegría superficial o ingenua, sino esa alegría profunda que brota del encuentro auténtico, del reconocimiento mutuo, de la experiencia de ser aceptado tal como uno es. Cuando en una comunidad se respira esa alegría a pesar de las dificultades y limitaciones, es porque algo de la vida divina está circulando entre sus miembros.

Segundo, la fecundidad. Las comunidades tocadas por Dios generan vida nueva, en términos no necesariamente cuantitativos, sino cualitativos. Personas que parecían condenadas a la exclusión florecen y desarrollan capacidades insospechadas. Relaciones que parecían imposibles se entablan y fortalecen. Proyectos que responden a necesidades reales surgen de la colaboración entre personas diversas.

Tercero, la capacidad de transformar el dolor en esperanza. Muchas veces, quienes llegan a una comunidad en busca de acogida traen consigo historias de sufrimiento, desarraigo, pérdida. Una comunidad tocada por Dios no niega ese dolor, no lo oculta bajo un optimismo forzado, sino que lo acoge, lo nombra, lo acompaña y lo transforma gradualmente en esperanza activa, en capacidad de imaginar y construir futuros mejores.

En la comunidad nos convertimos en compañeros y compañeras de camino en este viaje que es la vida. Peregrinos y huéspedes en esta tierra que no nos pertenece, que hemos recibido en préstamo y que estamos llamados a cuidar y compartir. Todas las tradiciones espirituales coinciden en señalar que nuestra existencia es pasajera, que somos caminantes acogidos en un cosmos que no nos pertenece. Practicar la hospitalidad nos conecta con esta verdad existencial: antes de ser anfitriones, todos hemos sido y seguimos siendo huéspedes. El aire que respiramos, la tierra que pisamos, el agua que bebemos, la vida misma... todo es don recibido, todo es hospitalidad cósmica que nos precede.

Quizá por eso, cuando acogemos al otro, especialmente al más vulnerable, experimentamos una extraña familiaridad, un reconocimiento mutuo: en su fragilidad vemos reflejada la nuestra, en su condición de huésped reconocemos la nuestra. Y en ese reconocimiento mutuo, en esa vulnerabilidad compartida, se abre el espacio para la manifestación de Dios como el Huésped por excelencia, el que siempre está llamando a nuestra puerta, el que siempre está esperando ser acogido para, a su vez, acogernos en un abrazo más grande.

La construcción de comunidad sobre la acogida nos lleva también a cuestionar estructuras sociales, económicas y políticas que generan exclusión. Nos impulsa a trabajar por un mundo donde nadie tenga que abandonar su hogar contra su voluntad, donde la movilidad humana sea reconocida como un derecho, donde las diferencias culturales, religiosas o étnicas sean valoradas como riqueza y no temidas como amenaza.

Este compromiso político surge no solo de una ética abstracta, sino de una experiencia espiritual concreta: el encuentro con Dios en el rostro del acogido. Cuando hemos experimentado esa presencia divina en el extranjero que llamó a nuestra puerta, ya no podemos permanecer indiferentes ante políticas migratorias inhumanas, discursos xenófobos o prácticas de exclusión institucionalizada. La hospitalidad se convierte así en una fuerza profundamente transformadora, a nivel tanto personal como social y político.

Y lo más hermoso de todo es que esta transformación no es fruto de un esfuerzo voluntarista o de una imposición ideológica. Brota, casi siempre, de encuentros sencillos, cotidianos, en los que alguien se atrevió a abrir su puerta, a tender su mano, a escuchar una historia diferente. Encuentros en los que, sin saberlo quizá, estábamos acogiendo al mismo Dios que viene a nuestro encuentro disfrazado de extranjero, de vulnerable, de necesitado.

Tejer comunidad sobre la acogida es un camino privilegiado para encontrar a Dios en nuestro mundo, y ese encuentro se convierte inevitablemente en impulso para una acción transformadora que busca hacer de nuestra tierra común una casa para todos. Un camino exigente, sin duda, que nos pide salir de nuestras zonas de confort, abandonar prejuicios, asumir riesgos. Pero un camino que promete, a cambio, el gozo más profundo: el de participar en ese movimiento divino que constantemente abre puertas, derriba muros y crea espacios donde todos podamos, finalmente, reconocernos como lo que somos: hijos e hijas de un mismo Padre, hermanos y hermanas en una única familia humana.

La fábula del peregrino ciego y el árbol hospitalario

En el corazón de una tierra reseca, donde el sol castigaba sin piedad y el viento arrastraba suspiros de arena, se erguía un árbol singular. No era un árbol majestuoso de tronco grueso y ramas altivas, sino un ejemplar humilde, con raíces profundas que se aferraban a la tierra sedienta y unas pocas hojas que ofrecían una sombra escasa pero generosa.

Este árbol, conocido en la región como el Árbol Hospitalario, tenía una historia. Se decía que había nacido de una semilla traída por el viento, una semilla que había viajado desde tierras lejanas, donde los ríos cantaban melodías frescas y los bosques vestían mantos de verdor. Al caer en aquel suelo árido, la semilla sintió la llamada de la vida y, a pesar de la adversidad, germinó, echó raíces y creció, alimentándose de la escasa humedad que encontraba en las profundidades de la tierra.

Un día, un peregrino ciego, guiado por el sonido del viento y el calor del sol en su rostro, llegó a las cercanías del Árbol Hospitalario. Había caminado durante días, con la garganta seca y los pies llagados, buscando un lugar donde descansar y saciar su sed. Al sentir la ligera brisa que emanaba del árbol, se dirigió hacia él, tanteando el terreno con su bastón.

Al llegar al árbol, el peregrino se dejó caer al suelo, exhausto. Apoyó su espalda en el tronco rugoso y respiró profundamente, sintiendo el frescor de la sombra en su piel. «Gracias, buen árbol –murmuró–, por ofrecerme tu sombra y tu compañía en este desierto implacable».

El Árbol Hospitalario, que había escuchado las palabras del peregrino, sintió una profunda emoción. Nunca antes le habían dado las gracias de esa manera. Siempre había estado allí, silencioso y discreto, ofreciendo su sombra a quien la necesitara, sin esperar nada a cambio. Pero las palabras del peregrino ciego resonaron en su interior como una melodía suave y reconfortante.

«¿Quién eres?», preguntó el árbol con una voz suave y susurrante, como el sonido de las hojas al rozar con el viento.

El peregrino se sorprendió al oír la voz del árbol, pero no sintió miedo. Había aprendido a confiar en sus sentidos y a escuchar la voz de la naturaleza. «Soy un peregrino ciego –respondió– que busca un lugar donde descansar y encontrar la paz interior».

«¿Qué buscas en la vida?», preguntó el árbol.

El peregrino reflexionó durante un momento. «¿Sabes? –dijo finalmente–, he caminado durante muchos años, buscando respuestas a mis preguntas. He buscado la verdad en los libros, en las palabras de los sabios, en los templos y en los lugares sagrados. Pero no he encontrado la paz que anhelo. Creo que lo que realmente busco es a Dios».

El Árbol Hospitalario guardó silencio durante un largo rato. Luego, con una voz llena de sabiduría, dijo: «Peregrino, has buscado a Dios en los lugares equivocados. Dios no se encuentra en los libros ni en los templos, sino en el corazón de cada ser humano, en la naturaleza que nos rodea, en cada acto de amor y de bondad».

El peregrino escuchó atentamente las palabras del árbol. Sintió que algo se movía en su interior, como si una semilla de esperanza comenzara a germinar en su corazón.

«¿Cómo puedo encontrar a Dios?», preguntó.

«Abre tus ojos –respondió el árbol– y mira a tu alrededor. Siente el calor del sol en tu rostro, el frescor del viento en tu piel, el aroma de la tierra húmeda. Escucha el canto de los pájaros, el susurro de las hojas, el murmullo del agua que corre bajo la tierra. En cada una de estas cosas encontrarás una manifestación de la divinidad».

El peregrino entendió las palabras del árbol. Comprendió que no necesitaba ver con los ojos para percibir la presencia de Dios. Podía sentirla en su interior, en cada uno de sus sentidos, en cada una de sus emociones.

«Pero ¿cómo puedo encontrar a Dios en mi corazón?», preguntó.

«La respuesta a esa pregunta –dijo el árbol– la encontrarás en el acto de acoger y compartir. Comparte tu sombra, tu agua, tu alimento. Ofrece tu ayuda, tu compañía, tu amor. En cada acto de generosidad encontrarás a Dios».

El peregrino meditó sobre las palabras del árbol. Recordó los muchos actos de bondad que había recibido durante su viaje: el anciano que le había ofrecido agua, la mujer que le había dado un trozo de pan, el niño que lo había guiado por un sendero peligroso. Comprendió que en cada uno de esos actos había sentido la presencia de Dios.

A partir de ese día, el peregrino ciego decidió dedicar su vida a abrirse y a ayudar a los demás. Compartió su comida, su agua y su compañía con quienes lo necesitaban. Guio a los viajeros perdidos, consoló a los afligidos y animó a los desesperanzados. Y en cada uno de esos actos, sintió la presencia de Dios en su corazón.

Con el tiempo, el peregrino ciego se convirtió en un hombre sabio y respetado. La gente venía de todas partes para pedirle consejo y buscar su ayuda. Y él, con humildad y generosidad, compartía su sabiduría y ofrecía su amor.

Un día, el peregrino ciego regresó al Árbol Hospitalario. Se acercó al tronco, lo abrazó con cariño y le dijo: «Gracias, buen árbol, por abrir mis ojos y mostrarme el camino hacia Dios».

El Árbol Hospitalario sonrió con sus hojas y le respondió: «No me des las gracias a mí, peregrino. Tú mismo has encontrado el camino. Yo solo te he mostrado la dirección».

Y así, el peregrino ciego continuó su camino, llevando consigo la sabiduría del Árbol Hospitalario y la presencia de Dios en su corazón.

Moraleja: La verdadera hospitalidad no reside solo en ofrecer un techo o alimento, sino en abrir nuestro corazón al otro, reconociendo en él la presencia divina. En cada acto de generosidad y compasión, encontramos a Dios y nos encontramos a nosotros mismos. La búsqueda de lo trascendente comienza a menudo en los gestos más sencillos y desinteresados a nuestros semejantes. Acoger al otro es, en esencia, acoger a Dios en nuestra vida.

Cuestiones para la reflexión

La hospitalidad, entendida no solo como un acto de cortesía, sino como un encuentro profundo con el otro y, a través de él, con lo divino, nos invita a cuestionar nuestras propias certezas y a abrirnos a nuevas perspectivas. A continuación, planteamos algunas cuestiones para la reflexión personal y comunitaria:

1. ¿Cómo podemos cultivar una mirada que reconozca lo sagrado en cada persona que encontramos, especialmente en aquellas que son diferentes de nosotros o que consideramos «forasteros»?
2. ¿De qué maneras podemos descentrarnos de nuestras propias necesidades y prejuicios para acoger verdaderamente al otro, permitiendo que su presencia nos transforme?
3. ¿Cómo podemos crear en nuestros hogares, comunidades y lugares de trabajo espacios de hospitalidad donde todos se sientan bienvenidos y valorados?
4. ¿Qué acciones concretas podemos llevar a cabo para tejer comunidad desde la acogida, promoviendo la inclusión y la justicia social?
5. ¿Cómo podemos integrar la práctica de la hospitalidad en nuestra vida espiritual, reconociendo que en el encuentro con el otro encontramos también a Dios?

En última instancia, la hospitalidad es una invitación a vivir en una actitud de apertura y receptividad, reconociendo que todos somos peregrinos en este mundo y que necesitamos unos de otros para encontrar nuestro camino. Al acoger al otro, nos acogemos a nosotros mismos y nos abrimos a la posibilidad de un encuentro transformador con lo divino.

9

Comunidades de hospitalidad como resistencia y esperanza

En nuestro contexto actual, donde parecería ganar terreno la hostilidad sobre la hospitalidad, incluso en algunos ámbitos de Iglesia y teológicos, la práctica de la hospitalidad constituye un auténtico acto de resistencia. Una resistencia al estilo de Jesús.

La hospitalidad que Jesús practicaba rompió las barreras de su tiempo. En un mundo que en ocasiones se presenta roto y resquebrajado, el cristiano es llamado a tender puentes saltando los límites de lo legal/ilegal, de lo puro/impuro y de la inclusión/exclusión, ya que la hospitalidad tiene un gran pilar en la celebración y Jesús invita a su mesa a aquellos a los que la sociedad rechaza o demoniza.

Se hace necesaria una vuelta a los orígenes de nuestra hospitalidad, una hospitalidad tan antigua como la misma humanidad. Desde las Escrituras hasta la historia de la Iglesia, la hospitalidad se revela como un hilo conductor esencial. La hospitalidad es fuente de bendición (Gn 18,1-5), transforma nuestras vidas (Jn 4,4-10), nos invita a comprometernos con la vida de los demás, en especial los más vulnerables (Lc 10,30-37), nos anima a crear comunidades de hospitalidad donde se anticipa el Reino (Mt 14,14-21) y a generar espacios de encuentro donde se haga posible el milagro de la reconciliación (Lc 24,13-35). Una hospitalidad que es obra de Dios, en la cual es el Espíritu el que posibilita crear espacios de acogida común, de entendimiento, donde se vive la unidad en la diversidad (Hch 1,1-13).

La hospitalidad como profecía

La «comunidad de hospitalidad» recoge el legado y la rica tradición de distintos modos de entender la cercanía vital a los más vulnerables de nuestra sociedad. A lo largo de los años se han ido acuñando distintas formas de comunidad que ponían el acento en una u otra dimensión o perspectiva de nuestra vida en común. De este modo, reconocemos como propias la experiencia de las comunidades de inserción, las comunidades de vida, las comunidades de inclusión, las comunidades de acogida o las comunidades de solidaridad, entre otras[1].

Hoy, en un mundo donde la hostilidad con frecuencia desplaza a la hospitalidad, abrir la puerta al otro es un acto profético y liberador. Es resistir como lo hizo Jesús,

[1] En este capítulo se hace referencia a las «comunidades de hospitalidad» principalmente dentro del contexto de la Compañía de Jesús en España. En el año 2025 existen aproximadamente 100 recursos de hospitalidad en España, que acogen a 823 personas. De estas comunidades, familias, parroquias y distintos recursos de acogida, se encuentran diez comunidades jesuitas repartidas por toda España.

cuya forma de acoger traspasó los límites impuestos por la ley, la religión y la cultura.

La hospitalidad en nuestros días nos habla de fragilidad y reciprocidad, del poder transformador de abrir nuestras puertas y de tender puentes. De vivir la fragilidad no como una amenaza, sino como un elemento esencial para el encuentro con Dios.

También la hospitalidad plantea un interrogante a nuestra creación de identidad, a nuestra gestión de la diversidad, a nuestra manera de hacer política o de tratar la integración y la cohesión sociales, e incluso a la vida en nuestros barrios.

Por eso, todos los grandes retos sociales necesitan de una respuesta que ponga en el centro a las personas. Las comunidades de hospitalidad son espacios de encuentro, hogares donde conviven personas de orígenes diversos, y en ellas tienen un lugar privilegiado las personas que se encuentran en el camino. Son comunidades que comparten techo y proyecto vital, generando procesos, con escucha mutua y aprendizaje compartido.

En las comunidades de hospitalidad se comparte la mesa con personas excluidas, practicando una cultura del encuentro. Vivir a su lado es uno de los principales signos de la Buena Noticia, como nos recuerda la Biblia. La práctica de la hospitalidad en las comunidades de hospitalidad produce un efecto transformador tanto en el huésped como en la persona que acoge. Asimismo, generan espacios de encuentro, entornos seguros, con un ritmo de vida en común que posibilita la convivencia en lo cotidiano, tiempos gratuitos de escucha, de reparto de tareas, de compartir las penas y alegrías. Todos son elementos que facilitan procesos de sanación, integración y reconciliación.

Las personas migrantes son portadoras de esperanza. Esperanza de un mundo en paz, de que es posible una vida mejor. Buscan seguridad y trabajo, pero, sobre todo, reconocimiento y respeto.

Una sociedad que se cierra sobre sí misma se empobrece. Una sociedad que se abre a la posibilidad del encuentro y a la diversidad se enriquece, construye futuro. Esta es una de las grandes claves que aporta la hospitalidad a nuestro mundo actual.

Uno de los grandes retos de nuestras sociedades nos lo jugamos en la convivencia, en la gestión de la diversidad. La hospitalidad es uno de los elementos claves que nos ayudarán a avanzar como civilización, con la integración y la cohesión social.

Las comunidades de hospitalidad, en cuanto contraculturales, constituyen auténticos espacios de resistencia y anticipan el Reino cuando invitan a sentarse juntos en la misma mesa, a compartir lo que nos une, más allá de la diferencia.

Cuando pensamos en las comunidades de hospitalidad, resuenan algunos elementos que el papa Francisco nos propone en la encíclica *Laudato si'*. El aliento de un modo alternativo de entender la calidad de vida, de un estilo profético y contemplativo.

> «La espiritualidad cristiana propone un modo alternativo de entender la calidad de vida, y alienta un estilo de vida profético y contemplativo [...]. La espiritualidad cristiana propone un crecimiento con sobriedad y una capacidad de gozar con poco. Es un retorno a la simplicidad que nos permite detenernos a valorar lo pequeño, agradecer las posibilidades que ofrece la vida sin apegarnos a lo que tenemos ni entristecernos por lo que no poseemos» (LS 222).

Un tipo de vida en común que nos ayuda a valorar lo pequeño, en la simplicidad y la libertad, para dejar espacio a la admiración, a una sana humildad, que posibilita una serena atención a los demás compañeros y compañeras de camino.

En este sentido hablamos de sobriedad, como fuente de libertad y de liberación antes múltiples ataduras de la vida. «La sobriedad que se vive con libertad y conciencia es liberadora [...]. La felicidad requiere saber limitar algunas necesidades que nos atontan, quedando así disponibles para las múltiples posibilidades que ofrece la vida» (LS 223).

Es en este contexto donde buscamos una paz interior con uno mismo. «Estamos hablando de una actitud del corazón, que vive todo con serena atención, que sabe estar plenamente presente ante alguien sin estar pensando en lo que viene después, que se entrega a cada momento como don divino que debe ser plenamente vivido» (LS 226). Una paz interior que no es un punto de llegada, sino una actitud que se intenta cultivar, y que se vive como don.

No podemos hacer referencia a la LS sin hablar de ecología integral:

> «Una ecología integral implica dedicar algo de tiempo para recuperar la serena armonía con la creación, para reflexionar acerca de nuestro estilo de vida y nuestros ideales, para contemplar al Creador, que vive entre nosotros y en lo que nos rodea, cuya presencia no debe ser fabricada sino descubierta, desvelada» (LS 225).

La comunidad de hospitalidad Ana Leal[2], en Valladolid (España), es un buen ejemplo que encarna esta in-

[2] Cf. https://tinyurl.com/3y32k6vr (consultado el 18-7-2025).

vitación de acogida y ecología, en un intento de vivir en sintonía con el cuidado de la Casa Común según nos inspira la *Laudato si'*: vida sencilla, ecológica, trabajando y cuidando una huerta en un proyecto agroecológico. Un lugar comunitario promovido por los jesuitas en Valladolid y un grupo de personas amigas. Una comunidad de personas que viven y trabajan acogiendo a familias inmigrantes y refugiadas compartiendo con ellas la vida. Una comunidad de ecología integral que busca modos alternativos de vida y consumo. Una comunidad abierta a la espiritualidad y a la trascendencia según un modelo cristiano de vida basado en el amor y el servicio.

Las comunidades de hospitalidad, continuadoras de una profunda tradición de cuidado hacia los más vulnerables, se constituyen en espacios de encuentro y refugio para personas de múltiples procedencias. Compartir la mesa con quienes están excluidos, fomentar una cultura de encuentro y construir puentes de diálogo son acciones transformadoras que nos acercan al Dios que habita en la fragilidad y en la reciprocidad.

En un mundo cada vez más globalizado, la convivencia y la gestión de la diversidad se convierten en retos fundamentales. La hospitalidad nos ofrece una clave para construir un futuro más justo y enriquecedor, abriéndonos a la posibilidad del encuentro con el otro. Al derribar muros y abrirse a la diversidad, las comunidades de hospitalidad se convierten en signos anticipados del Reino de Dios y nos llaman a ser portadores de esperanza.

Como comentamos, el papa Francisco, en su encíclica *Laudato si'*, nos propone un estilo de vida basado en la sobriedad, la libertad y la capacidad de gozar con poco. Este estilo de vida nos permite valorar lo pequeño, agradecer las posibilidades que ofrece la vida y estar plenamente presentes en cada momento. Las comunidades de hospitalidad, al vivir en sintonía con el cuidado de la Casa Común, nos inspiran a buscar modos alternativos de vida y consumo.

La hospitalidad en Jesús

Jesús realiza su misión como migrante, como peregrino en tierra extraña, incomprendido por los suyos, siempre en camino, sin casa ni sustento propio. En el camino va actualizando y haciendo presente el Reino. Es en el camino donde tiene la oportunidad de encontrarse con el desvalido, con la viuda, con el leproso, con la pecadora, con el recaudador de impuestos, con los pescadores, con los escribas y con aquellos que son excluidos por la sociedad. Una invitación que recibió la primera Iglesia desde sus orígenes y que la dinamizó para ponerse en camino, para hacerse peregrina, migrante. Llevando la buena noticia a todos los rincones del mundo.

Un elemento central de la misión de Jesús y, por ende, de la Iglesia es la hospitalidad. Es en la mirada misericordiosa de Dios donde la Ley, lo legal, lo puro, cobran su más profundo sentido y ocupan su lugar como medios y no como fines (Mc 2,23-3,6; Lc 6,1-22; Mt 12,1-14).

Para Jesús, la misericordia de Dios no puede contenerse dentro de los muros de mentes limitadas, y desafía a la gente a reconocer una ley mayor basada en la incalculable misericordia de Dios antes que en nociones restrictivas sobre lo digno o indigno. El ministerio de la reconciliación parte de la mirada misericordiosa y amorosa de Dios. En los *Ejercicios* de san Ignacio, la Trinidad miró al mundo y dijo: «Hagamos redención del género humano» (EE 107)

La familia migrante es un espacio privilegiado para la hospitalidad. El propio papa Francisco dice en la exhortación apostólica *Amoris laetitia*:

> «Las migraciones representan otro signo de los tiempos que hay que afrontar y comprender con toda la carga de consecuencias sobre la vida familiar. La movilidad humana, que corresponde al movimiento histórico natural de los pueblos, puede revelarse una auténtica riqueza, tanto para la familia que emigra como para el país que la acoge» (AL 46).

Necesitamos tener una mirada especial para aquellas familias que viven experiencias migratorias dramáticas y devastadoras, cuando tienen lugar fuera de la legalidad y son sostenidas por los circuitos internacionales de la trata de personas. También cuando conciernen a las mujeres o a los niños no acompañados.

La hospitalidad de Jesús, como en nuestros días, se apoya en «pilares sólidos»: acoger en el hogar e invitar a la mesa; crear espacios de encuentro para ayudar a sanar, compartir, reconciliar, discernir, celebrar; y ser testigos de esperanza.

Mirando la vida de Jesús, un elemento central en su experiencia como migrante, como peregrino, fueron sus comidas y sus celebraciones. ¿Con quién se sentaba a la mesa Jesús? ¿Quiénes eran sus invitados predilectos? Jesús se sienta a la mesa en muchos casos con pecadores, reconfigurando las normas de pureza, con aquellos que vivían marginados por razones económicas (Lc 7,11-17), de salud (Lc 7,22; Mc 10,46; Jn 9,8), raciales (Lc 7,1-10), religiosas (Lc 7,24-35) y morales (Lc 7,36-50). Su invitación a la mesa fue buena noticia para los pobres y excluidos, lo que en muchos casos le trajo rechazo y provocó escándalos.

Algunos teólogos opinan que su manera de transitar por las categorías de la inclusión y la exclusión, sobre todo en su forma de sentarse a la mesa, fue lo que llevó a Jesús a ser juzgado y crucificado: «Jesús fue crucificado por la forma en que comía». En palabras de J. Jeremias:

> «Toda comunidad de mesa es, para un oriental, garantía de paz, de confianza, de fraternidad; comunidad de mesa significa comunidad de vida. Para un oriental está claro que, admitiendo a pecadores y marginados a la mesa, Jesús ofrece salvación y perdón. Por eso reaccionan violentamente los fariseos»[3].

Es en la mesa donde todo cobra sentido, donde reconocieron los de Emaús a Jesús, «al partir el pan»; es en la eucaristía donde hacemos memoria de Jesús en la fracción del pan compartido y de la sangre derramada. Jesús es hospitalario hasta el extremo. En este sentido, la hospitalidad se hace misericordia, abre las puertas, acoge al desvalido, al excluido (Lc 10,25-37).

Jesús era hospitalario y sentaba a la mesa al que se encontraba en el camino, haciendo fiesta, anticipando la mesa compartida del Reino de Dios (Lc 15,11-32). Una fiesta, una celebración que algunos autores, comparándola con la acogida de refugiados y migrantes en Europa,

---

[3] Joachim JEREMIAS, *Teología del Nuevo Testamento*, Sígueme, Salamanca 1974, 243.

han descrito como «celebraciones de encuentros interculturales que pueden llegar a ser experiencias modernas del Espíritu Santo», como en Pentecostés (Hch 2,1-13).

Como se deprende de todo lo expresado, la hospitalidad renueva nuestras comunidades, ayudándonos a crecer en compromiso y generosidad. La Iglesia en general, y la Compañía de Jesús en particular, se benefician de estos estilos de vida comunitarios, porque además de ganar credibilidad se propicia una mayor eficacia en nuestra vida apostólica.

Decía san Ignacio que «la amistad con los pobres nos hace amigos de Dios»[4]. El mismo papa Francisco nos recuerda en el discurso que dio en el Centro Astalli de Roma cómo la vulnerabilidad y la pobreza son lugares privilegiados de encuentro con Dios:

> «Los pobres son también maestros privilegiados de nuestro conocimiento de Dios; su fragilidad y su sencillez desenmascaran nuestros egoísmos, nuestras falsas seguridades, nuestras pretensiones de autosuficiencia, y nos guían a la experiencia de la cercanía y de la ternura de Dios, a recibir en nuestra vida su amor, su misericordia de Padre que, con discreción y paciente confianza, cuida de nosotros, de todos nosotros»[5].

La hospitalidad también ha constituido un auténtico milagro de acogida en los contextos de nuestras comu-

---

[4] IGNACIO DE LOYOLA, citado en Pedro ARRUPE, «Hombres para los demás», discurso a los antiguos alumnos de la Compañía de Jesús, Valencia 1973.

[5] FRANCISCO, discurso en el Centro Astalli para refugiados, Roma, 10 de septiembre de 2013.

nidades jesuitas ante la gran crisis de desplazados de Ucrania en países como Polonia, Eslovaquia, Rumania y Hungría.

En otros contextos de vida religiosa, son buena noticia diversas comunidades de hospitalidad en espacios de frontera, como por ejemplo en la frontera brasileño-venezolana con las hermanas franciscanas misioneras de la Madre del Divino Pastor. La hospitalidad que abre nuevos espacios intercongregacionales.

Desde diferentes perspectivas, las comunidades de hospitalidad abren nuevos caminos de revitalización de la vida en común como un signo de anuncio del evangelio y se presentan como una invitación y una bocanada de aire fresco dentro de la Iglesia.

¿Qué ocurrió en Mambré?

> «El Señor se apareció a Abrahán junto al encinar de Mambré, mientras él estaba sentado a la puerta de la tienda en lo más caluroso del día. Alzó la vista y vio tres hombres frente a él» (Gn 18,1-2).

Como hemos visto anteriormente, Mambré es uno de esos pasajes paradigmáticos en la Biblia cuando hablamos de hospitalidad y comunidad. ¿Qué ocurrió en Mambré? Abrahán y Sara acogen a tres extranjeros y, sin saberlo, abren su hogar a unos ángeles. Fruto de esa generosa acogida, el Señor los bendice y obra el milagro: les da un hijo. Este pasaje del Génesis pone el acento en la importancia de la acogida de los extranjeros, de los que están en el camino. El mismo Dios es acogido a través de ellos.

En el relato bíblico, los extranjeros prosiguen su viaje hacia Sodoma y Gomorra. De una actitud de acogida se pasa a una actitud de hostilidad. Los habitantes de estas ciudades quieren aprovecharse de ellos. Solo Lot, sobrino de Abrahán, los protege. En esta ocasión, la hostilidad hacia el extranjero es fuente de maldición. Así, las ciudades de Sodoma y Gomorra son destruidas, salvándose solo Lot y su familia (Gn 19).

En resumen, la xenofilia, la práctica de la hospitalidad, es fuente de bendición, obrándose el milagro del nacimiento de una nueva vida –Abrahán y Sara–, mientras que la xenofobia acarrea la maldición y la muerte –Sodoma y Gomorra–.

Espacio Mambré: lugar de encuentro, de acogida, de promesa de Dios

He tenido la suerte de vivir durante años en una comunidad de hospitalidad en el barrio de La Ventilla, distrito de Tetuán, en Madrid. Allí comenzamos una experiencia inspirada en este pasaje del Génesis, que bautizamos como Espacio Mambré.

Si caminas por el barrio de La Ventilla un jueves al final de la tarde, puedes encontrarte a algunas personas acercándose a la comunidad jesuita Padre Rubio. Si les preguntas, te dirán que van al Espacio Mambré.

La pequeña comunidad jesuita Padre Rubio es una de las diversas presencias que la Compañía de Jesús tiene en el barrio de La Ventilla. Esta comunidad hace una apuesta por la hospitalidad, como tantas otras repartidas por España, comunidades en las que se comparte vida y proyecto con personas necesitadas. En el caso de esta comunidad, con jóvenes migrantes. Además de un lugar en el que cobijarse, les ofrecen un entorno, una familia en la que recobrar fuerzas, en la que compartir el día a día hasta que recuperen la autonomía y la confianza.

La comunidad creó el Espacio Mambré como ámbito privilegiado donde vivir el espíritu de hospitalidad que quiere vivir la comunidad. De ahí el nombre de Mambré, un lugar de encuentro, de acogida, de promesa de Dios. En el Espacio Mambré, cada jueves se abre de una forma más intencionada y cuidada la puerta de la comunidad al barrio y a todos los amigos y amigas, para compartir la fe y mucho más con una eucaristía primero y una cena compartida después.

Se celebra la eucaristía en la capilla de la comunidad, que está situada en la última planta y tiene forma de tienda de campaña. En la capilla se motiva al encuentro entre el ser humano y Dios, con María como mediadora, con la mirada siempre puesta en Dios, con un sagrario repleto de los nombres de Dios en las diversas lenguas de los invitados o de los miembros que han pasado por la comunidad. Nuestro anterior superior, el P. Adolfo Nicolás, estrenó la lista con el nombre de Dios en japonés.

Al principio de la eucaristía, suele haber una presentación en la que cada persona dice su nombre y se presenta al resto. Se ha acercado mucha gente al Espacio Mambré: muchas amigas y amigos del barrio, de la unidad pastoral, de los trabajos y apostolados, familias migrantes, compañeros jesuitas que vienen de paso y que se hospedan en la casa, jóvenes que están discerniendo su vocación, personas con curiosidad y en búsqueda.

De alguna manera, el Espacio Mambré condensa una parte importante de encarnar nuestra vocación, de vivir la hospitalidad, de dejarse impactar por la realidad que nos rodea, de sentirse parte del proyecto de Dios, de permitir que entren en el hogar aires nuevos y frescos. Significa que muchos amigos y amigas, la gente que pueda estar interesada, conozca un poco más cómo celebramos y cómo vivimos. Es un lujo celebrar juntos la eucaristía y la cena compartida. La diversidad nos enriquece como comunidad y nos ayuda a vivir más conectados con un Dios que se hace presente en este mundo de diversas maneras y a través de tantas personas y comunidades.

Las comunidades de hospitalidad

Hay ciertos elementos vitales que no son fáciles de definir. Así le pasa a las comunidades de hospitalidad. Podríamos decir que la vida en común no es fácilmente «encapsulable» en una definición cerrada y muy delimitada. Pese a eso, existen algunos elementos que las caracterizan.

1. *Compartir vida en la proximidad a los más vulnerables y excluidos*
   En el Evangelio encontramos a Jesús y sus discípulos compartiendo la mesa con personas excluidas y pobres, cultivando una cultura del encuentro. Vivir a su lado es uno de los principales signos de la «Buena Noticia», especialmente en una época como la actual, en la que el individualismo erosiona las relaciones mutuas y la exclusión social priva a numerosas personas del reconocimiento y la amistad de los demás, así como de su dignidad humana.

2. *Estilo de vida comunitaria acogedor e inclusivo*
   Dice un refrán castellano que «el roce hace el cariño». Vivir de cerca, acogiendo realidades complejas y difíciles, nos ayuda a mirarlas con mayores comprensión, cariño y solidaridad. Siempre que miramos con los ojos del corazón, sin prejuicios, somos capaces de enriquecernos, de aprender de la diversidad. Vemos en esta diversidad una oportunidad para crecer juntos. La situación de muchos jóvenes migrantes en mayor vulnerabilidad, la de expresidiarios que buscan un camino de reintegración, la de otras personas que viven en los márgenes, representan una fuerte llamada a la hospitalidad.

3. *Un camino abierto, con escucha mutua y aprendizaje compartido*
   Para comenzar este proceso, como peregrino no hace falta ser un «supercristiano» –si es que estos existen–, ni se necesita ser un experto/a académico/a en hospitalidad o inclusión social. Cualquier persona puede estar cualificada para compartir vida, aunque, por supuesto, sería bueno cultivar ciertas sensibilidades, flexibilidad y apertura hacia el otro.
   Desde luego, en cualquier proceso de aprendizaje y de escucha mutuo se tiene que dar un presupuesto importante: disponer de tiempo de calidad y gratuito para escuchar, acoger y, en definitiva, compartir vida.

4. *La reconciliación, sanación, integración, discernimiento y celebración son elementos muy importantes en estas comunidades*
Junto al alojamiento, que es un elemento fundamental, se hace necesario trazar un itinerario personal y un proyecto comunitario donde tengan cabida el discernimiento y diversos factores relacionados con la recuperación de toda la persona, con vistas a la integración social. Toda comunidad de hospitalidad debe cuidar una estructura y ritmos comunitarios básicos que ayuden o sirvan de sustento a la acogida, y que se conviertan en condición de posibilidad para que se produzca un verdadero proceso de integración. Aspectos como un ritmo comunitario de comidas, encuentros gratuitos, cuidado sencillo de los elementos materiales, reparto de tareas, etc., son elementos básicos que facilitan los procesos de reconciliación, discernimiento y celebración, entre otros.

5. *Invitados a ser testigos de esperanza*
Nadie ha dicho que la vida en común sea algo fácil. A poco que se haya vivido en comunidad, se reconoce la necesidad de aceptar las diferencias y de ganar conocimiento mutuo. Todos llevamos en nuestro interior un «lobo» y un «cordero» que necesitan convivir con los demás. La vida en comunidad nos construye como personas cuando ponemos el acento más en el agradecimiento que en la exigencia, más en la aceptación y la acogida que en la recriminación, más en la realidad vital que en ensueños idílicos. Las comunidades

> de hospitalidad anticipan, de alguna manera, el Reino cuando invitan a sentarse juntos en la misma mesa, a compartir vida según lo que nos une y también con las diferencias..., toda una invitación a ser testigos de esperanza.

Desde esta perspectiva, hemos sido testigos de cómo la vida religiosa en Iberoamérica vive esa dimensión de hospitalidad comunitaria. Un ejemplo es la comunidad de franciscanas misioneras de la Madre del Divino Pastor en la ciudad de Boa Vista, en el estado de Roraima, situado en el extremo norte de Brasil, frontera con Venezuela. Es una comunidad de hermanas que día a día trabajan en los campos de refugiados y en el Servicio Jesuita para Migrantes y Refugiados de Brasil en el área de protección y acompañamiento a menores separados y desacompañados, en los proyectos de Fe y Alegría y en la casa de acogida de familias migrantes y refugiadas. Estas mujeres son verdaderas testigos de esperanza:

> «Vivimos abiertas y cuidamos la hospitalidad con las personas de otras formas de vida cristiana o personas provenientes de otras Iglesias o con distintas sensibilidades, jóvenes voluntarios, personas que necesitan una acogida temporal... La vida comunitaria, para nosotras, es la primera misión y desde ella vivimos con otras y otros en misión, tejiendo puentes y redes diariamente e intentando colocar a las personas y su dignidad en el primer lugar»[6].

---

[6] Sofía Quintans, «Soy fruto de un "nosotros" que cada vez es mayor...», entrevista por Luis Alberto Gonzalo Díez, *Vida Religiosa*, 1 de febrero de 2022, 53-64.

En nuestro mundo hay muchos signos de esperanza, de que es posible la hospitalidad; muchos más que de odio y violencia. Millones de padres y madres que se levantan cada día buscando un futuro mejor para los suyos; millones de profesores, de educadores, buscan cómo generar una cultura crítica de la vida y de la realidad en sus alumnos, educando en el respeto y la diversidad; millones de médicos, policías, barrenderos, bomberos... intentan hacer de las ciudades, de los pueblos, espacios sanos, limpios, seguros, donde convivir, encontrarnos y jugar en nuestras plazas... Millones de líderes políticos, religiosos, comunitarios, que se desviven por sus comunidades y feligreses, sumando en la arena pública, soñando y generando las bases de una ciudadanía inclusiva y de sociedades solidarias y hospitalarias, donde se respire paz.

Cuestiones para la reflexión

La hospitalidad, elemento central en la misión de Jesús y fuente de bendición en la Biblia, nos desafía a crear comunidades acogedoras en un mundo marcado en muchas ocasiones por la hostilidad. Estas comunidades se convierten en espacios de resistencia y esperanza, donde el encuentro con el otro nos transforma y nos acerca a la presencia de Dios. Las siguientes preguntas nos invitan a reflexionar sobre cómo podemos encarnar esta hospitalidad en nuestras vidas y comunidades.

1. ¿De qué manera puedo cultivar una actitud de hospitalidad en mi vida diaria, siguiendo el ejemplo de Jesús, y cómo puedo convertir mi hogar en un espacio de acogida al estilo de Mambré?

2. ¿Qué barreras, prejuicios o miedos me impiden abrirme al encuentro con el otro, especialmente con aquellos que son diferentes de mí o se encuentran en situación de vulnerabilidad?
3. Como comunidad, ¿qué iniciativas concretas podemos desarrollar para acoger y acompañar a los más vulnerables, migrantes y refugiados en nuestra sociedad?
4. ¿Cómo podemos promover una cultura de hospitalidad que acoja a todos sin distinción, superando la xenofobia y convirtiéndonos en testigos de la misericordia y la esperanza que brotan de la acogida?
5. ¿De qué manera la práctica de la hospitalidad puede transformarnos personalmente y como comunidad, permitiéndonos reconocer la presencia de Dios en el rostro del extranjero y experimentar la bendición que surge de estos encuentros?

Meditar estas preguntas nos invita a reimaginar nuestras relaciones y espacios comunitarios como lugares de encuentro transformador. Al abrazar la hospitalidad como forma de vida, no solo resistimos a las fuerzas de exclusión y hostilidad, sino que también sembramos semillas de esperanza para un mundo más acogedor y compasivo.

10

Reconciliar en el camino

La hospitalidad se ha convertido en un eje fundamental del trabajo de los jesuitas con migrantes, refugiados y desplazados internos en los últimos años. Este enfoque ha dinamizado tanto el nivel institucional como el comunitario de la Compañía de Jesús, manifestándose de manera especial en las comunidades de hospitalidad, que se han establecido como espacios seguros para acompañar procesos de reconciliación.

El ministerio de la reconciliación está en el corazón de la misión de Jesús y ha sido un elemento central en la tradición jesuita desde sus comienzos. San Ignacio de Loyola, fundador de la Compañía de Jesús, encarna el ideal del reconciliador, un hombre que buscaba «unir lo que está desunido». Su propia experiencia de conversión y transformación espiritual, simbolizada por la ilustración del Cardoner, representa un profundo proceso de reconciliación consigo mismo, con Dios y con toda la creación.

En este capítulo exploraremos la profunda interconexión entre la hospitalidad y la reconciliación, especialmente en el contexto de la movilidad humana. Analizaremos la reconciliación migratoria como un proceso vital para sanar las heridas del pasado y construir un futuro más inclusivo. Este proceso, que implica el esclarecimiento de la verdad, la reelaboración de los recuerdos y la recuperación de la capacidad de acción del migrante, es esencial para la integración y el bienestar de las personas migrantes.

A través de la lente de la hospitalidad y la reconciliación, examinaremos cómo se cruzan las experiencias de los migrantes y los peregrinos, revelando un camino compartido de transformación personal y social.

Abordaremos el Camino de Santiago como un ejemplo sobresaliente donde la acogida y la hospitalidad se han entrelazado con la transformación personal y comunitaria, ofreciendo a los peregrinos un espacio para el encuentro con uno mismo, con los demás, con la naturaleza y con Dios.

Las migraciones como espacio privilegiado de reconciliación

La migración como espacio de reconciliación es al mismo tiempo un signo de esperanza y una condición de posibilidad para una reconciliación que no es una fantasía, sino una realidad. Una realidad que pasa por nuestro compromiso por la justicia, pero que reside en el amor de Dios. Porque la reconciliación en el mundo de las migraciones es a la vez una meta, pero también un proceso que se va gestando en el día a día[1].

[1] Para profundizar en este tema, véase Alberto Ares Mateos, «Reconciliación y migraciones: Un proceso que nos pone en camino»: *Promotio Iustitiae* nro. 124 (2017/2), 37-43.

> «La reconciliación significaba un intento de vivir una vez más, con las propias heridas y fragilidad; la reconciliación significaba un intento de enfrentarse al propio miedo, pedir y aceptar la ayuda de los demás, incluso los que habían destruido nuestro hogar y habían asesinado a nuestros seres queridos. La reconciliación significaba un proceso y un camino de apertura. La reconciliación significaba aprender a querer a los demás de nuevo. La reconciliación significaba volver a nuestra parroquia, donde miles de personas fueron masacradas, entrar en la misma Iglesia y ponerse en presencia de un Dios para el cual nada es imposible»[2].

Reconciliación es un concepto teológico que expresa el modo de ser de Dios, que «nos reconcilió con él en Cristo y que nos confió el ministerio de la reconciliación. Pues por medio de Cristo Dios estaba reconciliando al mundo» (2 Cor 5,18-19). Se trata, pues, de una misión que intenta restablecer relaciones justas con Dios, con los demás y con la creación (Congregación General 35, d. 3, nro. 12). La reconciliación «se realiza en el Reino de justicia, paz e integridad de la creación» (CG 36, d. 1, nro. 3), en cuyo centro «se encuentra la cruz de Cristo y también nuestra participación en ella» (CG 36, d. 1, nro. 21). La reconciliación es pasión por tender puentes y mediar en las tensiones que desbaratan nuestras sociedades. Dentro de este marco, cobran especial importancia las fronteras, en las que se han fracturado las condiciones

[2] Testimonio personal de Benjamin Nsengiyumva, SJ, que vivió en primera persona el genocidio en Ruanda y un largo proceso de reconciliación.

de una sociedad justa y se pone en juego la dignidad de las personas.

En la actualidad, las migraciones son un espacio privilegiado de frontera dentro de nuestro ministerio de reconciliación. Dentro de estas fracturas de un mundo roto, las fronteras son una invitación a ser conscientes de nuestra vulnerabilidad y fragilidad tanto personales como comunitarias. Mirando a estas fronteras y a todo el ámbito migratorio, la CG 36 «reconoce la necesidad de promover una articulación internacional de nuestro servicio a los migrantes y refugiados» (d. 1, nro. 26).

Los pasos del proceso

Existen diversas razones por las cuales una persona *abandona su hogar*. En un porcentaje elevado, los migrantes se ven forzados a dejar sus hogares debido a alguna situación de presión, violencia o conflicto, de carácter personal social, económico o ecológico. En algunos casos las causas que generan estos desplazamientos tienen que ver con guerras o violencia generalizada. Por estas razones, la persona migrante vive situaciones traumáticas. El trauma puede producir desde una experiencia leve de «choque cultural» hasta un *trastorno por estrés postraumático* (TEPT).

El *tránsito*, tanto para las personas que emigran voluntariamente como para las que lo hacen involuntariamente, suele ser un auténtico calvario por la complejidad y la burocracia en los procesos legales. Para aquellas que se ven forzadas a dejar sus hogares por situaciones de conflicto y peligro para su vida, la situación se complica aún más[3]. Sin hablar de las redes de trata de personas que controlan en muchas zonas las rutas migratorias, y que dejan a colectivos más vulnerables en manos de redes de explotación sexual, tráfico de órganos, etc.

Por eso en esta fase, además de producirse serias dificultades físicas, también se ocasionan graves traumas psicológicos, que permanecen con la persona una vez completado todo el proceso migratorio; en ocasiones, a través de pesadillas o recuerdos recurrentes y que pueden producir TEPT.

> «Llegamos agotados al desierto, pero todo parecía ir bien. El "coyote" tomaba una ruta que nos daba confianza. Pero de repente vino la migra y tuvimos que correr. Con suerte pude escapar con el coyote. Estuvimos perdidos en el desierto varios días. Allí fue horrible. Me violó muchas veces y me amenazaba con matarme o dejarme abandonada en el desierto si no le dejaba hacer lo suyo. Al final llegamos a Houston. No hay semana que no me despierte llorando, con malos sueños desde aquello. No se lo había contado a nadie hasta ahora. Solo a mi hermana. Nunca quise que mi madre sufriera con ello»[4].

La llegada al país de recepción no suele ser fácil para las personas migrantes. En general, no suele existir un

---

[3] El calvario de tantas personas que cruzan desiertos, que mueren ahogadas en el Mediterráneo, que se ven obligadas a llegar a Ceuta y Melilla saltando la valla, que recorren México encima de «la Bestia», o que navegan en embarcaciones vietnamitas asaltadas por piratas en el mar del Sur de China, entre otras.

[4] La experiencia de una joven salvadoreña en su tránsito a EE. UU. En Alberto Ares, *La rueca migratoria: Tejiendo historias y experiencias de integración*, UP Comillas, Madrid 2017, 92.

proceso de acogida o de hospitalidad que tome en consideración el proceso migratorio y las necesidades específicas de cada persona o familia. De hecho, en algunas situaciones se producen serias vulneraciones de derechos humanos, discriminación, racismo y xenofobia.

Asimismo, suele ser común la falta de reconocimiento de la «maleta» que traen consigo los propios migrantes: títulos académicos, experiencia laboral, etc., relegándolos a ser considerados simple mano de obra. Este es otro de los elementos que produce un duro desgaste y erosión en la propia autoestima al que tienen que enfrentarse los migrantes en el país de acogida.

Finalmente, el fenómeno de las migraciones se presenta como un espacio significativo para la reconciliación, en el que se entrelazan la esperanza y el compromiso con la justicia, fundamentados en el amor divino. Este proceso no solo busca restablecer relaciones justas entre las personas y con Dios, sino que también invita a una reflexión profunda sobre las fronteras que dividen y fracturan nuestras sociedades.

Asimismo, es crucial reconocer los múltiples desafíos que encaran los migrantes a lo largo de su travesía. Desde las razones que los impulsan a dejar sus hogares hasta las dificultades y traumas que experimentan durante el tránsito y al llegar a un nuevo país, cada etapa del proceso migratorio está marcada por una lucha por la dignidad y el reconocimiento.

En este contexto, es fundamental promover una acogida inclusiva y respetuosa que valore las capacidades de los migrantes, combatiendo la discriminación y el racismo que a menudo encuentran en su camino. La reconciliación, por tanto, se convierte en una misión colectiva que nos invita a tender puentes y construir un mundo más justo y humano.

Los tres pilares de la reconciliación migratoria

La reconciliación migratoria es un proceso complejo que implica la sanación de heridas, la restauración de relaciones y la construcción de un nuevo relato compartido. Este proceso se sustenta en tres pilares fundamentales: el esclarecimiento de la verdad, la reelaboración de los recuerdos y la recuperación de la capacidad de acción del migrante. Además, la reconciliación migratoria desempeña un papel crucial en los procesos de acogida y hospitalidad, facilitando la integración y el bienestar de las personas migrantes en sus nuevas comunidades.

Esclarecimiento de la verdad

El primer pilar de la reconciliación migratoria es el esclarecimiento de la verdad, que busca responder a la pregunta fundamental: ¿qué ocurrió? Este proceso implica el reconocimiento del trauma y el acceso a los recuerdos, a menudo dolorosos, de las experiencias migratorias.

El perdón y la justicia son elementos esenciales en este esclarecimiento. El perdón, lejos de significar olvido o impunidad, implica recordar de una manera diferente, que permite a las personas salir del círculo vicioso del resentimiento y convertirse en agentes de cambio. Por su parte, la justicia complementa al perdón, siempre que no se reduzca estrictamente al ámbito legal.

La relación entre justicia y perdón se fortalece a través del esclarecimiento de la verdad. Este proceso no solo representa una expresión de justicia al sacar a la luz los hechos, sino que también contribuye a la sanación de las víctimas. Un verdadero proceso de reconciliación se alcanza cuando los ofensores reciben el perdón y las víctimas lo ofrecen, creando un doble movimiento que, si se rompe, perpetúa el dolor, la mentira y la injusticia.

Reelaboración de los recuerdos

El segundo pilar se centra en la reelaboración o el encuentro de una nueva narración de los recuerdos. Este proceso es particularmente desafiante debido a la naturaleza traumática de muchas experiencias migratorias, especialmente en el caso de los niños.

Los recuerdos traumáticos pueden llegar a tener «vida propia» y controlar a las víctimas en lugar de ser controlados por ellas. Por esta razón, es crucial generar espacios y caminos seguros donde las víctimas puedan reformular y reelaborar dichos recuerdos.

La identidad de una persona está constituida por historias de vida. Para que esta identidad se reconstruya mediante el proceso de reconciliación, los recuerdos necesitan ser «desintoxicados». Esto implica que la narración y el entramado de relaciones puedan ser puestos en correlación con la gran historia vital de la víctima y, cuando sea posible, también del victimario.

Recuperación de la capacidad de acción del migrante

El tercer pilar de la reconciliación migratoria es la recuperación de la capacidad de acción del propio migrante.

Una vez que se ha esclarecido la verdad, acompañada del proceso de perdón y justicia, y se ha producido una sanación de los recuerdos junto a un nuevo relato, es cuando se empiezan a ver los frutos de la reconciliación.

Uno de los resultados más significativos es que la persona migrante recobra su capacidad para tomar las riendas de su vida. El proceso de reconciliación transforma en nuevas personas tanto a la víctima como al perpetrador. No se niega ni se olvida el pasado, pero se coloca en un nuevo marco que convierte a ambos en una «nueva creación», donde se redescubre la dignidad de ser hijos e hijas de Dios.

La reconciliación en los procesos de acogida y hospitalidad

La reconciliación migratoria es un elemento fundamental en los procesos de acogida y hospitalidad. Al facilitar la sanación de heridas pasadas y la construcción de nuevos relatos, la reconciliación prepara el terreno para una integración más efectiva y armoniosa de los migrantes en sus nuevas comunidades.

Por una parte, los procesos de reconciliación contribuyen a crear entornos donde los migrantes se sienten seguros para compartir sus experiencias y comenzar su proceso de sanación. Estos espacios seguros son esenciales para una acogida genuina y una hospitalidad efectiva.

Asimismo, al promover el esclarecimiento de la verdad y la reelaboración de los recuerdos, la reconciliación ayuda a las comunidades de acogida a comprender mejor las experiencias de los migrantes. Esta comprensión fomenta la empatía y la solidaridad, elementos clave de una verdadera hospitalidad.

Finalmente, la recuperación de la capacidad de acción del migrante, uno de los pilares de la reconciliación, es crucial para una integración exitosa. Los migrantes que han pasado por un proceso de reconciliación están mejor equipados para participar activamente en sus nuevas comunidades y contribuir a ellas.

La perspectiva cristiana de la reconciliación migratoria

Desde una perspectiva cristiana, la reconciliación migratoria se entiende en el contexto de una comunidad universal, donde todos los seres humanos son creados a imagen y semejanza de Dios. Esta filiación abre el camino a la fraternidad y dota a todos de una misma dignidad.

La identidad cristiana, basada en el seguimiento de Jesús como peregrino y caminante, impulsa al encuentro y al diálogo, al deseo de desinstalarse y a salir de la propia zona de confort para descubrir en el mundo un hogar común.

La vivencia de la reconciliación invita a ponerse en camino y a compartir la vida con otras personas que viven en tránsito. Este proceso permite sentirse más cerca de un Dios que también se convierte en migrante, profundizando en su conocimiento.

Volviendo la vista atrás

La reconciliación migratoria, sustentada en estos tres pilares –esclarecimiento de la verdad, reelaboración de los recuerdos y recuperación de la capacidad de acción del migrante– es un proceso transformador que va más allá de la simple resolución de conflictos. Implica una profunda transformación personal y colectiva, que permite a las personas migrantes no solo superar sus traumas, sino también redescubrir su dignidad y su capacidad de acción.

Este proceso nos recuerda que, como seres humanos, todos somos, en cierta medida, migrantes en este mundo. La reconciliación nos descubre como parte de una familia universal, cuyo hogar es el mundo entero. En este sentido, la reconciliación migratoria no solo beneficia a las personas directamente afectadas por la migración, sino que también enriquece a toda la sociedad, promoviendo una conciencia más profunda de nuestra humanidad compartida y nuestra responsabilidad mutua.

Al ser un elemento crucial en los procesos de acogida y hospitalidad, la reconciliación migratoria se convierte en un puente que conecta las experiencias pasadas de los migrantes con sus nuevas realidades, facilitando así una transición más suave y significativa. Este enfoque holístico no solo ayuda a los migrantes a encontrar su lugar en nuevas comunidades, sino que también enriquece a las sociedades de acogida, fomentando una cultura de apertura, comprensión y respeto mutuo.

Diario de un peregrino

El sol caía sobre la meseta castellana cuando crucé el umbral del albergue parroquial. Los muros del edificio guardaban el eco de miles de historias, y, sin saberlo, yo estaba a punto de añadir la mía a ese mosaico de vidas peregrinas. Llevaba en la mochila no solo el peso de mis pocas pertenencias, sino también el de una ruptura amorosa que me había dejado sin aliento, y la reciente pérdida de mi padre, cuya ausencia resonaba en cada paso del camino.

Día 3: La primera lección de la hospitalidad

«Bienvenido, peregrino. La puerta está abierta para todos».

Las palabras del hospitalero resonaron como un mantra mientras estampaba el sello en mi credencial. Su mirada transparente pareció ver más allá de mi cansancio físico. «Aquí tienes agua caliente para que puedas lavar, y en el corral hay tendederos. La cena es a las ocho, pero si tienes hambre ahora, en la cocina hay pan con membrillo de la abuela Maruja».

Al subir a la habitación comunitaria, mis prejuicios urbanos se estrellaron contra la realidad del Camino. Era la primera vez que estaba en este tipo de albergues. Doce literas de madera, colchones finos como obleas y una humedad ancestral que se metía hasta los huesos: esto no era un hotel, sino un espacio de transformación.

Esa noche, sentado en el banco de piedra del jardín, compartí el pan con una mujer siria que caminaba desde el Líbano. Su español entrecortado dibujaba un relato de fronteras cruzadas y sueños rotos. «En mi país dejé todo, pero aquí, cada *buen camino* que me dicen me hace sentir como en casa». Sus palabras me sacudieron. ¿Cuántas veces había yo pasado junto a personas migrantes en mi ciudad sin ver sus historias?

Día 7: La hospitalidad que desarma

Hoy el camino me regaló una de esas escenas que quedan tatuadas en el alma. En un tramo solitario cerca de Castrojeriz, una anciana con delantal de flores agitaba una campanilla desde el portalón de su casa rural. «¡Peregrino! –gritó con voz cascada–. Ven a tomar la sopa, que se enfría».

Su cocina olía a leña y a tiempos pasados. Mientras removía la olla de hierro, me contó que desde que murió su marido, hacía veinte años, ofrecía caldo a los caminantes. «Es mi manera de seguir sintiéndome útil –confesó mientras me servía un plato humeante–. Cada rostro que entra por esa puerta me trae noticias del mundo». Al despedirme, me apretó en la mano un mendrugo de pan envuelto en papel de estraza. «Para el camino, hijo. Y recuerda: el que da recibe el doble».

Esa noche, en el albergue municipal, un joven hospitalero voluntario de Hamburgo me enseñó el verdadero significado de la acogida incondicional. Cuando llegué exhausto tras 30 km de caminata, no me preguntó por mi nacionalidad ni por mi credo. Simplemente me señaló la ducha caliente y susurró: «Hay mantas limpias en el arcón, y mañana al amanecer haremos café para todos».

Día 12: El peso de la mochila

Hoy cargué con una piedra del río Órbigo. No por superstición, sino porque necesitaba materializar el peso emocional que me acompañaba desde que emprendí el Camino. La metáfora se hizo carne cuando, al cruzar el puente de Hospital de Órbigo, un peregrino coreano me contó lo que le había movido a comenzar el Camino.

Su relato de huida de Corea del Norte, contado entre suspiros y largas pausas, hizo que mi propia carga pareciera ligera. Al terminar la jornada, cuando deposité de nuevo la piedra en mi mochila, comprendí que la verdadera hospitalidad a veces consiste en hacer sitio para el dolor ajeno y el propio. Esa piedra me acompañará hasta la Cruz de Ferro.

En el albergue de Astorga, una monja octogenaria me enseñó el arte de «desintoxicar recuerdos». Mientras me mostraba el albergue y comenzamos a conversar, sus palabras caían como bálsamo: «Hijo mío, no se trata de olvidar, sino de darle a cada herida el lugar que merece en tu historia». Esa noche, por primera vez desde la muerte de papá, pude mencionar su nombre sin que se me cerrara la garganta.

Día 18: La hospitalidad que reconcilia

En Ponferrada ocurrió el milagro. Un grupo de migrantes subsaharianos, recién llegados en patera a las costas andaluzas, compartía el albergue con nosotros. Su español titubeante se mezclaba con nuestras lenguas en una sinfonía de acentos. Al verlos lavar sus únicas camisetas con jabón Lagarto, sin mediar palabra, los peregrinos empezamos a ofrecerles prendas limpias.

Fue un italiano quien rompió el hielo: «Facciamo una lavatrice di comunità!». En unos minutos, el patio se convirtió en una fiesta de espuma y risas. Mientras tendíamos entre todos la ropa mojada, un joven de Mali me mostró en su móvil fotos de su aldea destruida. «Ahora mi casa es donde me tratan como hermano –dijo señalando el tendedero abarrotado de prendas multicolores–. Esto es más de lo que soñé al cruzar el mar».

Esa tarde, sentado en los escalones de la iglesia de Villafranca del Bierzo, escribí en mi diario: «La verdadera acogida no necesita palabras grandilocuentes. Se teje en el silencio compartido de unas manos que lavan, unos ojos que escuchan, un corazón que se abre sin reservas».

Día 25: El don de recibir

Hoy aprendí que dejarse ayudar es también un acto de hospitalidad. Una torcedura de tobillo en las abruptas cuestas de O Cebreiro me dejó cojeando como un pato mareado. Fue entonces cuando se materializó la «comunidad del Camino»: un vasco cincuentón cargó mi mochila sin pedírselo; una madre gallega me aplicó una cataplasma de berzas; un grupo de ciclistas alemanes me cedió su turno en la ducha; y una niña de siete años, que hace el Camino con sus abuelos, me dibujó un «parche mágico» para el dolor.

Al anochecer, en el comedor del albergue, mientras más de veinte peregrinos de once nacionalidades cantaban *Bella ciao* en un esperanto espontáneo, sentí por primera vez desde mi divorcio que pertenecía a algo más grande que yo mismo.

Día 33: La hospitalidad como legado

Hoy crucé la Puerta Santa de la catedral de Santiago con lágrimas en los ojos, y di un abrazo al Apóstol, pero mi viaje no terminó ahí. Siguiendo el consejo de un hospitalero sabio, continué hasta Finisterre, donde quemé simbólicamente las ataduras de mi vida anterior.

En la playa de Langosteira, mientras las olas lamían mis pies cansados, un pescador anciano me ofreció compartir su comida. «Tú eres el peregrino número 438 que invito este verano –dijo con orgullo mientras abría una lata de mejillones–. Mi padre lo hacía, mi abuelo también. Es nuestro modo de mantener viva la esperanza».

Al pasarme la vieja navaja para cortar la hogaza, añadió: «Cuando vuelvas a tu tierra, recuerda: cada persona que cruce tu camino lleva una mochila invisible. Sé hospitalario con sus historias no contadas».

Caminante, no hay camino, se hace camino al andar

Hoy, sentado en mi oficina de Bruselas, conservo sobre el escritorio la vieja concha de vieira que me acompañó en el Camino. Cuando el estrés amenaza con ahogarme, la sostengo entre las manos y recuerdo el abrazo silencioso de una refugiada ucraniana en el albergue de Rabanal, la sonrisa cómplice del hospitalero que me dejó dormir en el pajar cuando llegué tarde, el bizcocho de manzana que horneamos entre todos en el albergue de Herrerías; y las noches de cuentos compartidos bajo las vigas centenarias de los albergues.

El Camino me enseñó que la verdadera hospitalidad no necesita grandes gestos. Se anida en la capacidad de ver al otro más allá de sus heridas, de tender puentes, de crear espacios donde las cicatrices puedan mostrarse sin vergüenza.

Ahora, cada vez que un migrante pide ayuda en mi barrio, escucho detrás de su acento la voz de aquella anciana de Castrojeriz diciendo «la sopa se enfría». Cuando un colega pasa por momentos difíciles, recuerdo al hospitalero alemán que me ofreció café antes que preguntas. Y en mis noches de insomnio, repito como mantra las palabras de la monja de Astorga: «La vida duele, pero no tiene por qué doler sola».

El Camino terminó, pero la peregrinación continúa. Ahora sé que cada encuentro es una oportunidad para ejercer la hospitalidad sagrada de los antiguos caminantes. Y que, como decía un texto que me entregaron en una de las iglesias que visité en el Camino, la verdadera meta no está en Compostela, sino en mantener siempre abierta la puerta de nuestro corazón.

Cuestiones para la reflexión

La migración y el peregrinación nos ofrecen una perspectiva única para entender los procesos de reconciliación, hospitalidad y transformación personal y social. Tanto el Camino de Santiago como las rutas migratorias globales, estos viajes nos desafían a repensar nuestras relaciones, nuestros valores y nuestro compromiso con la justicia y la dignidad humana. Las siguientes preguntas nos invitan a reflexionar profundamente sobre estos temas:

1. ¿Cómo podemos mirar a las personas migrantes no como «otros» sino como hermanos y hermanas en un camino compartido, y de qué manera esta perspectiva puede transformar nuestras acciones de acogida y hospitalidad?
2. Considerando la complejidad de las causas de la migración y los traumas asociados al tránsito, ¿qué iniciativas concretas podemos impulsar en nuestras comunidades para ofrecer una acogida que sea verdaderamente inclusiva, respetuosa y sanadora?
3. ¿De qué forma podemos integrar el proceso de reconciliación migratoria, incluyendo el esclare-

cimiento de la verdad y la reelaboración de los recuerdos, en nuestros esfuerzos por construir espacios de acogida y promover la integración plena de las personas migrantes?

4. Reflexionando sobre la tradición de hospitalidad del Camino de Santiago, ¿cómo podemos incorporar los valores de gratuidad, simplicidad y apertura a nuestra vida cotidiana y a nuestro trato con aquellos que buscan refugio y acogida?
5. ¿Cómo podemos, como individuos y comunidades, combatir la discriminación y la xenofobia mientras promovemos una visión de la hospitalidad como un acto sagrado que reconoce la dignidad y los talentos de cada persona?

Estas preguntas nos invitan a ver la reconciliación y la hospitalidad no solo como conceptos abstractos, sino como prácticas vivas que pueden transformar nuestras comunidades y nuestro mundo. Al reflexionar sobre ellas, nos desafiamos a convertirnos en agentes de cambio, construyendo puentes de entendimiento y empatía en un mundo fracturado por fronteras y desigualdades.

11

Somos fruto de la hospitalidad

San Ignacio de Loyola recoge al comienzo de sus *Ejercicios espirituales* el marco general que da sentido a la vida de todo ser humano: el texto del «Principio y Fundamento». Con su lenguaje del siglo XVI, Ignacio expresa la experiencia que las personas vamos percibiendo casi desde nuestro nacimiento: existimos porque otros nos han dado la vida. Nadie podría pensar, aunque se lo propusiera firmemente, que él mismo es el origen de su propia existencia.

El ser humano solo encuentra el sentido de su vida cuando cae en la cuenta de una doble experiencia: la de existir porque Otro le ha dado la vida y la de existir para otra cosa que no se agota en él mismo.

Una imagen que recoge con mucha lucidez esta experiencia vital es la metáfora del árbol. En diversas culturas se lo considera como símbolo de cobijo, de acogida, de hospitalidad. En los relatos de varios pueblos de África se presenta el baobab como símbolo de acogida y hospitalidad. El pueblo senegalés, bien conocido por su hospitalidad, lo incluye en su escudo.

El caso es que toda persona es como un árbol que hunde sus raíces en Aquel que le da la existencia, que hace fluir a borbotones la savia por su tronco hasta llegar al último brote de sus ramas. Y esas raíces tienen nombres y apellidos. Dios se manifiesta como bendición a través de tantas personas y situaciones que han sido fuente de vida, que nos han acogido, que han sido puerta abierta en nuestras vidas: nuestra familia, amigos, educadores..., algunas personas que han pasado con nosotros toda la vida y otras que han vivido con nosotros momentos intensos, pero fugaces. Seguramente todos reconozcamos a esas personas. Muchas de ellas, sin duda, estarán tatuadas en nuestro corazón. Somos «frutos de la bendición y hospitalidad» de tantas y tantos.

> «En mi experiencia personal me reconozco "fruto de la hospitalidad" en muchas cosas. Nada de lo que hoy soy se entendería si no fuera por tanto bien recibido de otras personas. Pienso que nunca me hubiera interesado por la gente sencilla si no hubiera visto a mi padre cuidar y proteger a un compañero discapacitado que trabajaba con él en la carpintería; o si no hubiera percibido cómo mi madre atendía desinteresadamente a un matrimonio mayor sin familia de mi barrio que estaba pasando por una situación muy dura de salud; o si no hubiera visto al P. Picón o a Nachi, dos grandes amigos, preocuparse para que en cualquiera de las actividades o campamentos que organizaban siempre hubiera cabida con becas para los chicos y chicas con más dificultades o sin recursos. Todo lo que soy se lo debo a otros que han practicado la hospitalidad conmigo, que cuidan de mí, mis raíces, esos hombros de gigantes sobre los que me aúpo».

El tronco y las tres experiencias fundantes

Por su parte, el árbol, cada uno de nosotros, se yergue fuerte con su tronco. El tronco sostiene la copa y a su vez me conecta con las raíces, gracias a las cuales la savia llega a todo el árbol. Toño García, un compañero jesuita que expresa muy bien esta metáfora, compara el tronco con tres experiencias fundantes:

1. Siempre soy amado, no porque yo sea siempre bueno, sino porque él es siempre Amor.

Una de las frases que más ha repetido el P. Picón, SJ, en su vida tiene que ver con esta experiencia primera de amor y confianza: «Dios nos quiere no porque seamos buenos, sino porque con su amor nos hace buenos». No siempre es fácil vivir en las entrañas que el amor no es un premio para los buenos, para los superhéroes, para los que se portan bien o los que hacen todo «diez», sino un regalo que se recibe gratuitamente, sin haberlo merecido.

La experiencia primera que un niño vive con sus padres y su amor incondicional marcan por completo el resto de su vida. Sabernos amados sin condiciones por algunas personas transforma nuestro día a día y nuestro modo de ser en el mundo. Es la experiencia fundante de la hospitalidad.

> «Gratis lo recibisteis, dadlo gratis» (Mt 10,8). El amor con mayúsculas, el regalo recibido, genera unas dinámicas que cuando se acogen desde el mismo centro del ser humano, transforman nuestra forma de amar y de comportarnos ante los demás. En el fondo, nos convertimos en transmisores de ese regalo recibido que produce en nosotros tanta alegría que necesitamos comunicarlo a los demás.
>
> Cuando nuestro tronco vive conectado con nuestras raíces mantenemos la memoria, la presencia, la confianza, en ese amor y bendición que nos acompañan y que hacen crecer nuestras ramas y dar fruto para alimentar

y acoger a otros. Es vital cuidar nuestra conexión con las raíces que dan sentido y que nos ligan con lo más profundo de nuestro ser. Para los creyentes, estas raíces son Dios, que se manifiesta a través de muchas personas y circunstancias.

«Hoy en día me reconozco, por decirlo de alguna manera, "ciudadano del mundo". Parece una expresión un poco hecha, pero en cierta forma es así. Me ha tocado vivir desde niño en diferentes pueblos, ciudades, contextos..., sobre todo desde que entré en la Compañía de Jesús. De vez en cuando necesito recorrer algunos de esos lugares para sentirme más yo, más conectado con mis raíces, con Aquel y aquellos que hacen fluir la savia por mis venas: Un paseo tranquilo por el barrio de Las Delicias en Valladolid, por Vigo o el antiguo colegio de los jesuitas de La Guardia, por las calles de Salamanca, La Eméndula en San Millán de la Cogolla, el barrio de La Ventilla en Madrid, un paseo por el Bayeyo o las Palericas en Santa Colomba de la Vega, por Harvard Yard en Cambridge (Massachusetts), la huerta de nuestra casa de Villagarcía de Campos, algunas etapas del Camino de Santiago... Con todo, hay un lugar que produce en mí unas sensaciones de interioridad y de paz, confianza... difíciles de explicar... Dar un paseo por Veguellina de Órbigo, el pueblo donde nací..., caminar por sus calles, recorrer la iglesia donde bautizaron a mi padre y buena parte de mi familia, a mí, donde enterramos a mis abuelos, donde tuve la primera misa... Pasear temprano por la mañana por los caminos que van al río, que pasan por las «compuertas», allá donde paseábamos de niños y recorríamos en bicicleta... Tal vez lo que me ayuda de estos lugares es reconocer, hacer más conscientes y tocar de nuevo experiencias que han sido fundantes y que he transitado con otros que han sido un referente en mi vida... Hacer memoria de ellas es siempre fuente de vida, es fuente de salvación».

2. Siempre soy acogido en mi debilidad y mi pecado, no porque yo lo merezca siempre, sino porque él es siempre Misericordioso.

A veces las prisas, el propio egoísmo... nos hacen desligarnos de nuestras raíces, dar la espalda a la experiencia misma de hospitalidad. ¡Quién no ha visto las fuertes ramas de su árbol y los frutos jugosos que nacen en ellas y no ha dicho alguna vez con estas u otras palabras: «Valgo mucho, la gente me valora. Me como el mundo. No le debo nada a nadie»!

Lo malo es que cuando nos desligamos de nuestras raíces y nos sentimos capaces de todo por nuestras propias fuerzas, sin deber ni pedir nada a nadie..., nos ocurre que el árbol se nos va secando. ¡Claro, sin la savia!

Por otra parte, y en el otro extremo, también vivimos situaciones donde nos sentimos «nada», donde la realidad nos abruma, donde creemos que no valemos ni para «barrer el descansillo de la escalera». En ocasiones, nosotros mismos talamos, o la desesperación que nos embarga hace que talemos, nuestro mismo árbol. Por suerte, las raíces, Aquel y aquellos que dan sentido a nuestra existencia, siguen bajo tierra. No sé si habéis talado algún árbol o al menos lo habéis observado. Con el tiempo, más tarde o más temprano, de las raíces vuelven a surgir nuevos brotes, nuevas ramas... Caer en la cuenta de que no soy ni «el gigante de mis sueños», ni «el enano de mis temores» no siempre es fácil.

La experiencia de interiorizar que no soy ni un gigante ni un enano... implica que muchas veces necesite «nacer de nuevo» como Nicodemo (Jn 3,1-21), que descubra una nueva ingenuidad. No una ingenuidad tonta e infantilizada, sino una segunda ingenuidad que es capaz de acoger lo nuevo, la vida, el milagro... sin etiquetas que excluyen, abierta a la gracia transformadora.

El papa Francisco nos recuerda insistentemente el poder transformador de la hospitalidad, que se nutre de la misericordia de Dios. Dios es ante todo un Dios de las segundas oportunidades, no nos deja nunca arrinconados en el camino. Seguramente todos tengamos en mente la parábola del buen samaritano (Lc 10,25-37) o la del hijo pródigo (Lc 15,11-32). El poder transformador del abrazo, cuando el hijo regresa a casa abatido, sabiendo que no ha actuado bien ni con su padre ni con su familia ni con la sociedad... No recibe un juicio ni una reprimenda..., sino un «regalo», una fiesta, un fuerte abrazo. Un abrazo que genera vida, que acoge, que sostiene y que nos pone de nuevo en camino.

> «Recuerdo hace años cómo mi amiga Nachi, que coordinaba el centro juvenil San Francisco Javier en Palencia, se encontró con un adolescente que iba por allí y que tenía muchos problemas en la casa, en la escuela, en sus relaciones. Vamos, el pobre no se privaba de nada. Aquella tarde había ido al centro. Estaba especialmente alterado. Tal vez una bronca en casa o en la escuela. El caso es que había destrozado una mesa de pingpong –para cabreo de algunos–, había quitado algunas cosas de los despachos y seguía muy alterado. Nachi, en lugar de echarle una bronca o expulsarlo, en cuanto lo vio le dio un abrazo. El chico al principio se resistía, pero al final se rindió y se echó a llorar desconsolado. Seguro que todos recordamos algún abrazo que nos ha transfor-

mado por dentro a lo largo de nuestra vida. Un abrazo gratuito, "inmerecido", un auténtico regalo».

3. Siempre soy invitado-llamado a seguir a Jesús.

Como decíamos anteriormente, sentir que nuestra vida es un regalo inmerecido es algo que nos desborda y que nos deja rendidos, como al adolescente de Palencia. Es como aquella persona que encuentra un tesoro, o a la que le toca la lotería y tiene la necesidad de comunicárselo a los más cercanos, por la alegría que la desborda. Ese es uno de los frutos de la hospitalidad.

Todos recordamos nuestro primer amor, nuestro primer enamoramiento o noviazgo. Es tanta la alegría que nos deja atontolinados, extasiados..., y de diversas maneras, aunque no sean verbales, lo comunicamos a los más cercanos. Esa alegría muchas veces nos hace saltar por encima de nuestros límites y de nuestras incoherencias, descentrándonos de nosotros mismos. Ese primer amor tiene mucho que aprender del amor «con mayúsculas», pero, sin duda, deja una huella en nuestras vidas.

Algo así nos pasa con la experiencia enraizada de amor y bendición. La alegría produce en nosotros dos reacciones. Una de profundo agradecimiento y de querer revertir o devolver de alguna manera lo recibido, y otra, de llevar ese regalo, aquello que da sentido a nuestra vida, comunicándoselo a los demás.

Esa segunda experiencia es la llamada que todas las personas de una u otra manera sentimos en nuestra vida si vivimos unidos a nuestras raíces. Algunas perciben una llamada a cuidar de la naturaleza, que tanto nos nutre. Otras, a dedicar su a por encontrar una cura al cáncer o el ébola. Otras sienten la llamada a formar una familia, compartiendo ese amor con su pareja y transmitiendo lo recibido a sus hijos. Otras dejan un proyecto propio por sumarse a un proyecto común de ayuda a los más necesitados. Otras, desde su profesión, intentan que el mundo sea un poco más justo y solidario. Otras sienten la llamada a ser religiosas o sacerdotes y entregar su vida a los demás.

En el fondo es un misterio, pero el llamado no aparece de la nada. Necesitamos generar espacios de escucha y encuentro, de confianza y entorno seguro, como se generan en las comunidades de hospitalidad. En muchas ocasiones estos espacios de encuentro son generados por gestos tan fuertes como una mirada.

Algunos han hablado del poder transformador de los encuentros, incluso de los abrazos, como indicábamos más arriba; pero pocas cosas tienen la capacidad de centrarnos, de vincularnos con otras personas, como la mirada. Los adolescentes tontean entre miradas... Hay miradas que pacifican, que generan confianza..., otras que irradian odio, vergüenza... Nuestra mirada, muchas veces, nos delata; tal vez por eso cueste tanto mirarse a los ojos. Las ciudades, muchas veces, se vuelven impersonales cuando nos negamos la mirada. En el metro de Madrid la gente mira hacia el suelo o está ensimismada con su móvil, su libro o su tableta.

Seguramente todos recordemos alguna mirada que nos ha cambiado, que ha generado en nosotros sentimientos de alegría, de paz, de confianza... Una mirada transformadora, que nos convoca, que nos acoge, que nos llama...

Un compañero jesuita español, el P. Arrupe, le pedía a Dios: «Tu mirada sobre mí bastará para cambiarme».

Estas tres experiencias fundantes de sentirnos amados, acogidos en nuestra debilidad y convocados, están llamadas a subir tronco y ramas arriba hasta llegar al encuentro con las personas y realidades que nos toca vivir.

Son tres experiencias que realmente suponen una relectura del Principio y Fundamento de los *Ejercicios*, con la conciencia de alguien que se siente agradecido a Aquel y a aquellas personas que le han dado la vida, que ha vivido la hospitalidad y se siente a su vez llamado a dar fruto para otros.

Las ramas que nos unen a la realidad

Las ramas y los frutos son aquellos elementos de nuestra persona que nos vinculan con la realidad: nuestras capacidades y límites, nuestra profesión, la tarea que tenemos encomendada, etc.

El árbol encuentra su sentido cuando ve cómo los pájaros se cobijan en sus ramas, cuando las abejas polinizan sus flores, cuando los animales comen sus frutos. En la película *De dioses y hombres* (2010), hay una escena en la que se reúnen los ancianos del lugar con los monjes y estos últimos les plantean sus dudas sobre la permanencia en el monasterio y su regreso a Francia, ante la violencia y el conflicto armado que estaban viviendo. Una de las mujeres de la reunión les dice que durante generaciones los monjes habían sido el lugar seguro y de confianza donde el pueblo había crecido. En un momento dice que ellos, los monjes, eran las ramas, y la gente del pueblo, los pájaros, que iban a posarse y a cobijarse, y que encontraban en ellas seguridad y acogida.

El árbol, cada uno de nosotros, somos también bendición para otras personas: nuestras familias, los alumnos a los que damos clase, nuestros amigos y un largo etcétera. Cuando somos cobijo para los demás, cuando damos lo mejor que tenemos –nuestros frutos– para que otros se beneficien, somos también conscientes de la fragilidad humana. En ocasiones somos ramas donde se posan pájaros malheridos. Estas conexiones con la debilidad, la ajena y la propia, nos hablan de una sabiduría, de una buena noticia que no siempre valoramos lo suficiente. A mí siempre me ha llamado la atención que Dios quisiese hacerse ser humano, naciendo como un inmigrante en tierra extraña, en un pesebre, entre animales, en una familia humilde; que se rodeara de discípulos rudos, que escogiera a los más indefensos y los no valorados por la sociedad. Algunos dicen que Jesús se abajó para que nadie quedara excluido.

Pero ¿qué tienen de bendición la debilidad o la vulnerabilidad? ¿Qué tiene la sencillez..., que transforma nuestras vidas? En cierta manera, ser rama que acoge al desvalido genera bendición y buena noticia y a la vez nos descubre lo verdaderamente importante de la vida. Lévinas decía: «La vulnerabilidad me permite el encuentro con el otro»[1]. Otros, como Martha Nussbaum, afirman que «la peculiar belleza de la excelencia humana reside justamente en su vulnerabilidad»[2].

Jesús, en el Templo, ante los escribas, los ricos y la viuda (Lc 21,1-4), no se queda con lo que tiene más luz o hace más ruido: sabe apreciar lo escondido en la limosna de la viuda que, dando poco, da todo lo que tiene. El zo-

---

[1] Emmanuel LÉVINAS, *Totalidad e infinito: Ensayo sobre la exterioridad*, Sígueme, Salamanca 1977, 215.

[2] Martha NUSSBAUM, *La fragilidad del bien: Fortuna y ética en la tragedia y la filosofía griega*, Visor, Madrid 1995, 29.

rro de *El principito* lo tenía muy claro: «Este es mi secreto. Es muy simple: no se ve bien más que con el corazón. Lo esencial es invisible para los ojos»[3].

Jesús fija su mirada en las señales y gestos de hospitalidad y generosidad que cambian el mundo porque han generado un cambio en el corazón. El caso es que todos llevamos dentro un poco de fariseo y otro poco de publicano, un poco de hermano mayor y otro poco de hijo pródigo, un poco de anciano que lapida y otro poco de mujer pública... A una parte de nosotros la buena noticia nos sacude... y a la otra nos acoge, nos mira con misericordia y nos ofrece su abrazo.

La metáfora del árbol nos presenta, como decíamos anteriormente, una mirada sistémica a nuestra realidad de seres humanos. En cierta forma, reconocer a lo que apunta «la metáfora del árbol» en nuestra realidad vital sería la misma reacción que sintieron los discípulos de Emaús (Lc 24,13-25) cuando caminaban y descubrieron a Jesús. Es, en definitiva, la experiencia de la resurrección. Unos discípulos que caminan cabizbajos, que se alejan de los demás, de la ciudad, que alimentan en su conversación el desánimo... Jesús se presenta como compañero de camino, acoge sus palabras, pero les descubre poco a poco un sentido nuevo y más profundo de lo que ha sucedido... Les revela lo esencial de la vida, la esperanza; entra en lo profundo del ser y hace «arder sus corazones»... Su encuentro produce una «catarsis»... Encuentran luz donde antes solo veían tinieblas... Se sientan a la mesa, comparten, y descubren el verdadero sentido de la hospitalidad y

---

3 A. de Saint-Exupéry, *El principito (con comentarios de Anselm Grün)*, Mensajero, Bilbao 2025, 103.

de su vida..., regresan con los demás, vuelven a la comunidad y se convierten en seguidores de Jesús, enviados a anunciar y a ser buena noticia para los demás.

La metáfora del árbol enraizado tiene mucha «miga», pues constituye una mirada integral sobre la realidad de todo ser humano. Es lo que Ignacio expone en el «Principio y fundamento». Un árbol con unas fuertes raíces y un tronco bien asentado que sostiene sus ramas. Parece sencillo, ¿verdad? Aunque no siempre es evidente. Hay que caer en la cuenta de que somos «fruto de la hospitalidad, del amor, de la bendición» y a nuestra vez «bendición para otros».

La amistad es una de las metáforas que nos recuerdan que somos fruto de la «hospitalidad y la bendición». Nuestra existencia surge de Otro y otros que me han traído al mundo, y cobra sentido cuando se vierte y acoge a los demás. Realmente es el misterio y la dicha de nuestra vida.

La amistad

La amistad es una opción por el amor.

Soy tu amigo y no tengo las respuestas a tus dudas o angustias,
pero juntos podemos compartirlas, confiar y permanecer unidos.

Soy tu amigo y disfruto a tu lado sin decir palabra,
caminando en silencio, batallando la vida.

Soy tu amigo y me encanta mirarte a los ojos,
y que sientas que siempre me tendrás cerca cuando me necesites.

Soy tu amigo y me quedo sin respiración, con un profundo agradecimiento,
cuando me llevas de la mano y visitamos tu sanctasanctórum.

Soy tu amigo y sueño con darte un abrazo
de esos que nos renuevan por dentro y nos devuelven al camino.

Soy tu amigo y te agradezco que me desnudes con tu mirada,
endereces mis pasos y me hables de verdad y de justicia.

Soy tu amigo y tengo heridas
pero a tu lado me escuecen menos.

Soy tu amigo y a veces sigues siendo un misterio,
que me hace recordar que la vida siempre nos sorprende
si somos capaces de tener los ojos y el corazón abiertos.

Soy tu amigo y un día opté por amar.
Lo aprendí de Otro que primero optó por mí.

Soy tu amigo y estaré en tu corazón siempre,
no por mis fuerzas, sino por la fuente de todo amor, que me desborda,
y estoy convencido de que siempre me mantendrá a tu lado.

(Alberto Ares)

Cuestiones para la reflexión

Nuestra vida y nuestro ser están profundamente marcados por la hospitalidad, el amor recibido y la capacidad de acoger y dar fruto para los demás. Mediante la metáfora del árbol, se nos invita a reconocer nuestras raíces, nuestro tronco y nuestras ramas como elementos esenciales de nuestra existencia y nuestra relación con los otros.

1. ¿Quiénes han sido esas «raíces» en tu vida, aquellas personas o situaciones que te han dado vida y te han acogido con hospitalidad? ¿Cómo te han marcado?
2. ¿En qué momentos has sentido que el amor recibido ha transformado tu forma de amar y de comportarte con los demás? ¿Cómo has experimentado la gratuidad de ese amor?
3. ¿Has vivido situaciones en las que te has sentido desligado de tus raíces o incapaz de reconocer la hospitalidad en tu vida? ¿Qué te ayudó a recuperar esa conexión?
4. ¿Cómo experimentas hoy la llamada a dar fruto para otros, a ser «rama» que acoge, sostiene o alimenta a quienes te rodean? ¿Qué desafíos y alegrías encuentras en ello?
5. ¿De qué manera la vulnerabilidad, tanto la propia como la ajena, se convierte en fuente de encuentro, bendición y aprendizaje en tu vida y en tu comunidad?

Al reflexionar sobre estas preguntas, podrás tomar mayor conciencia de la importancia de la hospitalidad y el amor recibidos en tu historia, y de cómo puedes ser, a tu vez, fuente de acogida y bendición para los demás.

Epílogo
Ser puerta abierta

Al cerrar las páginas de este libro, nos encontramos en el umbral de una nueva realidad. Una realidad en la que la hospitalidad no es solo un concepto abstracto, sino una invitación a transformar nuestro mundo, a que llegue a nuestro corazón.

Imagina por un momento que cada acto de hospitalidad es como una piedra lanzada en un estanque. Las ondas se expanden, tocando vidas más allá de lo que podemos ver o imaginar. Así es el poder de la hospitalidad: un gesto aparentemente pequeño puede desencadenar una cascada de bondad y comprensión que se extiende mucho más allá de nuestro horizonte inmediato.

En un mundo que a menudo parece dividido y temeroso, la hospitalidad se erige como un faro de esperanza. No es una virtud pasada de moda, sino una necesidad urgente en nuestros tiempos. Es el antídoto contra el aislamiento, el prejuicio y el miedo que amenazan con erosionar el tejido mismo de nuestra humanidad compartida.

En una era donde las fronteras se fortifican y los muros se alzan, practicar la hospitalidad se convierte en un acto de resistencia pacífica pero poderosa. Cada vez que abrimos nuestras puertas al extraño, cada vez que tendemos una mano al necesitado, estamos desafiando los relatos de miedo y división que dominan nuestro discurso público.

La hospitalidad requiere coraje. El coraje de ser vulnerables, de arriesgarnos a ser heridos o decepcionados. Pero es precisamente en esta vulnerabilidad donde reside nuestra fuerza más profunda. Al abrirnos al otro, descubrimos facetas de nosotros mismos que permanecían ocultas. En el rostro del extraño, encontramos un espejo que refleja nuestra propia humanidad.

Para aquellos de nosotros que nos nutrimos de la tradición cristiana, la hospitalidad no es una opción, sino un imperativo espiritual. En las Escrituras, vemos cómo Dios mismo se revela a través de actos de hospitalidad. Desde Abrahán, el arameo errante, hasta Jesús, que comparte la mesa con pecadores y marginados, la hospitalidad se revela como un camino distinguido para encontrarnos con lo divino.

Cada acto de hospitalidad es una invitación al milagro del encuentro. Es en estos encuentros donde las etiquetas se desvanecen y emerge la posibilidad de una comprensión más profunda. En el rostro del otro, sea un refugiado, un inmigrante o simplemente alguien diferente de nosotros, tenemos la oportunidad de reconocer la imagen de Dios.

Nuestro mundo es cada vez más diverso y complejo. La globalización ha acercado entre sí culturas y tradiciones que antes parecían distantes. En este contexto, la hospitalidad se convierte en una herramienta esencial para navegar y celebrar esta diversidad.

La doctrina cristiana de la Trinidad nos ofrece un modelo inspirador de cómo la diversidad y la unidad pueden coexistir en perfecta armonía. Así como en Dios encontramos tres personas distintas en una comunión perfecta de amor, así también estamos llamados a crear comunidades donde la diversidad sea celebrada y la unidad se construya sobre el respeto mutuo.

La confianza es el suelo fértil donde florece la hospitalidad. En un mundo marcado por la sospecha y el miedo, cultivar la confianza se convierte en un acto revolucionario. Cada vez que elegimos confiar, cada vez que nos arriesgamos a creer en la bondad del otro, estamos sembrando semillas de un futuro más esperanzador.

Una de las formas más profundas de hospitalidad es la escucha atenta. En un mundo saturado de ruido y opiniones, ofrecer el regalo de nuestra atención plena es un acto radical de amor y respeto. Al escuchar verdaderamente al otro, no solo lo honramos, sino que también nos abrimos a la posibilidad de ser transformados por su historia.

En un mundo marcado por conflictos y divisiones, la hospitalidad se presenta como un camino hacia la reconciliación. Es en el espacio seguro y acogedor creado por la hospitalidad donde pueden ocurrir los diálogos difíciles pero necesarios, donde pueden sanarse las heridas del pasado y donde pueden tejerse nuevos lazos de comprensión mutua.

Los movimientos migratorios, a menudo vistos como una fuente de tensión y conflicto, pueden convertirse en una oportunidad única para la práctica de la hospitalidad y la reconciliación. Al acoger al extranjero, no solo estamos ayudando a individuos en necesidad, sino que estamos construyendo puentes entre culturas y contribuyendo a un mundo más interconectado y comprensivo.

En un mundo obsesionado con la seguridad y el control, abrir nuestras puertas al extraño se convierte en un acto profético. Es un testimonio vivo de que es posible otra forma de relacionarnos, una forma basada en la confianza y la generosidad en lugar del miedo y la sospecha.

Imagina comunidades que hagan de la hospitalidad su forma de vida. Lugares donde las puertas estén siempre abiertas, donde el extraño sea bienvenido como un amigo, donde la diversidad sea celebrada como un regalo. Estas comunidades existen, y su testimonio es un faro de esperanza en nuestro mundo.

La hospitalidad no es solo para ocasiones especiales o para quienes tienen recursos abundantes. Es una actitud vital que puede manifestarse en los gestos más pequeños y cotidianos. Una sonrisa a un extraño, una palabra amable a un vecino, un oído atento a un colega... Cada uno de estos actos es una semilla de hospitalidad que puede florecer en relaciones más profundas y significativas.

Los tiempos de crisis, como los que hemos vivido recientemente con la pandemia, ponen a prueba nuestra capacidad de hospitalidad. Pero también nos ofrecen oportunidades únicas para redescubrir el poder de la solidaridad y la compasión. En estos momentos, la hospitalidad puede manifestarse de formas nuevas y creativas, recordándonos que incluso en la distancia física podemos mantener nuestros corazones abiertos.

Practicar la hospitalidad no solo transforma nuestras comunidades: nos transforma a nosotros mismos. Nos desafía a ganar empatía, a expandir nuestra comprensión del mundo, a cuestionar nuestros prejuicios y a descubrir recursos de amor y generosidad que quizá no sabíamos que poseíamos.

La verdadera hospitalidad no termina en el umbral de la puerta. Es un compromiso continuo de acompañamiento, de caminar junto al otro en su viaje, sea cual sea su destino. Este acompañamiento requiere paciencia, sabiduría y la capacidad de respetar el ritmo y el camino único de cada persona.

Ahora, querido lector, te invito a dar un paso más allá de estas páginas. La hospitalidad no es solo un concepto para estudiar o admirar desde lejos. Es una invitación a la acción, una invitación a transformar nuestras vidas y nuestro mundo.

Comienza con pequeños pasos. Tal vez ceder tu asiento en el autobús al que lo necesita más que tú, escuchar sin prisa a quien intenta desahogarse, o simplemente estar más atento a las necesidades de quienes te rodean. Cada acto de hospitalidad, por pequeño que sea, tiene el potencial de sembrar gestos que se multiplican en silencio, extendiéndose más allá de lo que podemos medir o prever.

La hospitalidad a menudo nos desafía a salir de nuestras zonas de confort. Nos invita a enfrentar nuestros miedos, a cuestionar nuestros prejuicios, a arriesgarnos a ser cambiados por el encuentro con el otro. Acepta este desafío con coraje y apertura, sabiendo que en el otro lado de nuestro miedo a menudo encontramos crecimiento y transformación.

A medida que practicamos la hospitalidad, descubrimos que no es solo un deber o una carga. Es una fuente de profunda alegría y realización. Hay una alegría única en compartir lo que tenemos, en crear espacios de bienvenida, en ser instrumentos de amor y esperanza en la vida de otros.

La verdadera hospitalidad es un intercambio. No solo damos, sino que también recibimos. En cada encuentro, en cada relación que nace de un acto de hospitalidad, hay un enriquecimiento mutuo. Nos convertimos en receptores de nuevas perspectivas, de historias inspiradoras, de amistades inesperadas.

Todas las personas somos fruto de la hospitalidad, de una bendición que corre por nuestras venas, como la savia de un árbol brota desde las raíces, pasa por nuestro tronco y crece y da fruto en nuestras ramas. Somos llamados a dar fruto y a ser bendición y puerta abierta para otros.

Imagina un futuro donde la hospitalidad sea la norma, no la excepción. Un mundo donde las fronteras sean puentes, no barreras. Donde la diversidad sea celebrada como una riqueza, no temida como una amenaza. Donde cada persona sea valorada por su dignidad inherente, independientemente de su origen o circunstancias.

Este futuro puede parecer lejano, pero comienza con cada uno de nosotros. Cada acto de hospitalidad es una semilla plantada en el jardín de un mundo más compasivo y acogedor. Algunas de estas semillas florecerán rápidamente; otras pueden tardar generaciones. Pero todas son importantes; todas contribuyen a la transformación que anhelamos ver.

Al cerrar este libro, no estamos llegando a un final, sino a un nuevo comienzo. La llamada a la hospitalidad es una invitación continua, una invitación que se renueva a diario. Es un camino que nunca termina, pero que nos ofrece la promesa de una vida más rica, más plena y más significativa.

Hacer de la hospitalidad una forma de vida es un compromiso vitalicio. Habrá días en que será fácil y natural, y otros en que será un desafío. Pero en cada paso de este camino encontraremos la gracia para seguir adelante, la fuerza para mantener nuestros corazones abiertos y la alegría de ser instrumentos de amor en un mundo que tanto lo necesita.

Una bendición final

Que tus puertas estén siempre abiertas, no solo las de tu hogar, sino también las de tu corazón.

Que encuentres la fuerza para acoger al extraño, la sabiduría para aprender de cada encuentro y la gracia para ser transformado por el milagro de la hospitalidad.

Que en cada rostro que encuentres reconozcas la imagen de lo divino, y en cada mano que estreches sientas el pulso de nuestra humanidad compartida.

Y que, al final de cada día, puedas descansar en la paz de saber que has sido un instrumento de amor, un puente de comprensión, una puerta abierta en un mundo que anhela vinculación y pertenencia.

Ve ahora y sé esa puerta abierta que nuestro mundo tanto necesita. El camino de la hospitalidad te espera, lleno de desafíos, sí, pero también rebosante de promesas de transformación, alegría y esperanza. ¡Adelante!

Café Bolboreta Azul

En el bullicioso centro de una gran ciudad, donde el ritmo frenético apenas dejaba espacio para la amabilidad, había un pequeño café. Su dueña, Andrea, una mujer de mediana edad con una sonrisa cálida y ojos brillantes, había heredado el negocio de sus padres y mantenía viva una tradición de hospitalidad que parecía fuera de lugar en nuestro mundo actual.

Una tarde particularmente agitada, mientras la lluvia caía a cántaros afuera, la campanilla de la puerta sonó. Entraron tres figuras empapadas: un joven con aspecto desaliñado, una mujer mayor con ropas gastadas y un hombre de negocios con el traje arrugado y la mirada perdida.

Andrea, sin dudarlo, les ofreció toallas para secarse y los invitó a sentarse en la mesa más cálida, cerca de la chimenea. «La casa invita», dijo con una sonrisa, mientras les servía chocolate caliente y una bica recién horneada.

El joven, visiblemente conmovido, confesó que llevaba días malcomiendo, buscando trabajo sin éxito. La mujer mayor, que hacía años había dejado su tierra natal en Ecuador, con lágrimas en los ojos, compartió que acababa de perder su hogar. El hombre de negocios, suspirando profundamente, reveló que su empresa había quebrado y no sabía cómo decírselo a su familia.

Andrea los escuchó con atención y cariño. Sin juzgar, comenzó a hacer llamadas. Contactó con un amigo dueño de una empresa que buscaba aprendices, habló con una trabajadora social que sabía de opciones de vivienda social, y se comunicó con un asesor financiero que podría ayudar al empresario a reorganizar sus finanzas.

Mientras los tres extraños compartían sus historias y se consolaban mutuamente, el ambiente en el café se transformó. La calidez y la esperanza llenaron el lugar, disipando la desesperación que aquellos habían traído consigo.

Al caer la noche, cuando se disponían a partir, cada uno con un nuevo camino por delante, el hombre de negocios se volvió hacia Andrea. «¿Por qué hace todo esto por unos desconocidos?», preguntó, asombrado.

Andrea sonrió suavemente. «Porque en cada rostro veo una chispa de lo divino, una brisa de fe –respondió–. Y ¿quién sabe?, tal vez hoy, sin saberlo, he hospedado a ángeles en este café».

Los tres visitantes se miraron entre sí, y una paz silenciosa los inundó por dentro. Cuando Andrea volvió a mirar, habían desaparecido, dejando tras de sí un aroma a esperanza.

Desde aquel día, el pequeño café fue bautizado como Café Bolboreta Azul, por esa brisa fresca que recibía quien abría sus puertas; y se convirtió en un faro de esperanza en la ciudad. La gente comenzó a imitar la hospitalidad de Andrea, creando una cadena de bondad que transformó la comunidad. Y aunque nadie podía explicarlo, todos los que entraban en el café sentían una presencia especial, una brisa que acariciaba sus rostros, como si lo divino habitara en cada acto de generosidad y cada taza de café compartida.